W9-BGQ-540

Comment
je suis redevenu
chrétien

Jean-Claude Guillebaud

Comment je suis redevenu chrétien

Albin Michel

Ouvrage publié sous la direction
de Jean Mouttapa

Pour Alyette

« Ce que le monde attend des chrétiens est que les chrétiens parlent à haute et claire voix, et qu'ils portent leur condamnation de telle façon que jamais le doute, jamais un seul doute, ne puisse se lever dans le cœur de l'homme le plus simple. C'est qu'ils sortent de l'abstraction et qu'ils se mettent en face de la figure ensanglantée qu'a prise l'histoire d'aujourd'hui [1]. »

Albert Camus

1. Albert Camus, « L'incroyant et le chrétien » (fragment d'un exposé fait au couvent des dominicains de La Tour-Maubourg en 1948), *Actuelles. Chroniques 1944-1948*, Gallimard, 1950.

Ouverture

« Êtes-vous chrétien, oui ou non ? »

Certaines questions vous assiègent tout à coup, alors qu'on ne se les posait plus. On s'en désintéressait. On pensait les avoir congédiées. Peut-être s'y dérobait-on, jour après jour, sans le savoir. Conférences, rencontres, débats : ce sont les autres qui, dans ces lieux publics, m'ont interpellé, et sans détour. Au début, leur curiosité m'agaçait. Je n'étais pas loin de la trouver inconvenante. Étais-je chrétien ? Mais le savais-je moi-même ? C'est une qualité — ou une identité — dont, en tout cas, je ne songeais pas à me prévaloir. Je pressentais que la question devait un jour ou l'autre me rattraper mais, sans calcul délibéré, je campais dans le flou, l'ambiguïté, le non-dit. S'affirmer chrétien m'eût paru présomptueux pour ne pas dire grandiloquent, mais prétendre le contraire eût été de la lâcheté.

Alors ? Alors, je remettais à plus tard, poussant devant moi ladite question, comme un bagage verrouillé, un peu encombrant. Et je n'allais pas à la messe.

Ou si peu...

Puis vient un moment où le bagage doit être ouvert *pour de bon*. Ce n'est pas simple. Les aveux qui coûtent ne sont plus ceux d'autrefois, qui touchaient principalement à l'intimité du plaisir, aux dissidences amoureuses, aux « fantasmes » inavoués. Sur tous ces sujets, nous avons vaincu le poids du silence, et adouci les souffrances qui, parfois, allaient avec. On recommande à tous de parler haut et fort. Il y a même surenchère. Êtes-vous homosexuel ou échangiste ? Le confessant, qui viendra tout dire sous les sunlights à une heure de grande écoute, sera loué pour son audace, congratulé, montré en exemple. Tant mieux. En revanche, on embarrassera nos contemporains en les sommant d'annoncer sans détour, et publiquement, à quelle vérité ils adhèrent dans le tréfonds d'eux-mêmes. À quelle foi ils s'en remettent ? Quelle croyance les fait vivre ? Quel Dieu ils honorent ou quelle divinité ils récusent ? Les réponses, cette fois, risquent de se faire attendre. Sur ces secrets-là, chacun préfère garder porte close.

L'intimité véritable aurait-elle changé d'objet et de périmètre ?

Sans aucun doute.

Alors, suis-je chrétien ? Rétrospectivement, je comprends mieux l'engourdissement d'esprit, l'accablement instinctif, la prudence lasse qui m'assaillaient dès que je m'approchais, par la pensée, de cette question centrale. Je réagissais comme tout un chacun. Y répondre de manière frontale, s'expliquer sans tricherie exige qu'on accepte de « lâcher prise ». Qu'est-ce à dire ? Lâcher prise signifie qu'on renoncera autant que possible à l'éloquence, au calcul, à la rhétorique pour sortir du silence ou des palinodies. Lâcher prise veut dire qu'on s'exprimera « tout droit ». Avec le seul souci de mettre à plat un témoignage. Tout simplement. Dans sa maladresse et son indécision. Lâcher prise, c'est sortir du bois pour s'avancer en terrain découvert, et — sauf exception — sans le bouclier protecteur que constituent les citations, l'érudition, les grands auteurs et les notes en bas de page. Non, il faudra écrire cette fois en coupant au plus court.

Cela veut dire qu'on renoncera à « faire le malin ». On essaiera de rester au plus près de ce qu'on a effectivement vécu, quitte à sembler ou trop compliqué ou — le plus souvent — trop sommaire. Au risque de faire sourire les spécialistes ou hausser les épaules à ces théoriciens de métier ou à ces théologiens valeureusement attachés à la « patience du concept » mais dont le travail est peu lisible. Serai-je capable de m'en tenir à ce projet ? En tout cas cette imprudence me tente. Je voudrais écrire avec le plus de clarté possible. Sans faire l'économie d'une réflexion quand cela s'impose, mais sans jamais m'égarer dans l'« esprit de sérieux ».

*

Cette envie est d'abord le fruit d'une colère longtemps contenue.

Écrivant cela, je songe au sort que l'air du temps réserve aux chrétiens. Je parle ici, non point de « persécution » à proprement parler (ce serait idiot), mais de cette dérision goguenarde qui court dans l'époque et agite les médias, principalement à gauche, où se situent la plupart de mes amis. On aime y désigner le croyant qui s'affiche comme un zombie archaïque, amputé d'une part de lui-même, voué à une crédulité qui prête à sourire quand elle ne déchaîne pas l'hostilité. Dans les milieux philosophiques ou scientifiques, la mise à l'écart est de rigueur.

Comment pourrait-il prétendre penser rationnellement celui qu'émeuvent encore ces « fables » ? Peuvent-ils se poser en interlocuteurs et en chercheurs à part entière ceux qui n'ont pas réussi à rompre *une fois pour toutes* avec cet héritage de superstitions, ou n'ont pas souhaité le faire ? Pensez donc ! Se préoccuper encore de sens, d'ontologie, de métaphysique !

Ce n'est pas la vivacité hostile de ces discours qui me choque. Les chrétiens, après tout, n'ont pas toujours reculé devant la dispute, laquelle accompagne l'histoire du christianisme depuis l'origine. Songeons à celle, fameuse et inaugurale, qui opposa aux IIe et IIIe siècles Celse, le philosophe païen, à Origène, le théologien grec d'Alexandrie, qui prit la peine de reprendre un à un les arguments du premier, au point de s'en faire le « transmetteur » historique [1]. Celse, chez qui Nietzsche et les nietzschéens d'aujourd'hui puisèrent nombre de leurs arguments, nous est

1. Le *Discours vrai contre les chrétiens* de Celse a été composé à l'été 178. Pour lui répondre, Origène rédigea entre 246 et 249 les huit livres de son *Contre Celse* dans lequel il reprend les propos de ce dernier. Paradoxalement, c'est donc grâce à Origène, son contradicteur chrétien, que nous possédons les neuf dixièmes en substance et les sept dixièmes mot à mot de l'ouvrage polémique de Celse.

donc connu grâce à… un presque Père de l'Église (le statut théologique d'Origène est ambigu sur ce point). Le paradoxe est amusant mais sachons que cette emblématique querelle, et celles qui suivirent au long des siècles, ne furent jamais tendres. Celse n'est cité ici qu'à titre d'exemple. La confrontation avec un discours hostile, même violent, est une occurrence dont il faut accepter la rudesse. Et peut-être s'en féliciter. Toute croyance ne doit-elle pas « rendre raison » d'elle-même, sauf à demeurer dans l'obscurantisme ou le sentiment ?

De livre en livre, j'ai tenté pour ma part de prendre le questionnement antichrétien au sérieux. Et j'ai pris soin, autant que j'ai pu, de confronter le christianisme aux critiques les plus sévères, celles qui en récusaient jusqu'au principe. Dans un de ses essais, Jacques Ellul raconte qu'au sortir de l'adolescence, quand il sentit renaître en lui la foi chrétienne, il s'empressa d'aller lire — ou relire — les grands auteurs antichrétiens pour mettre sa foi nouvelle à l'épreuve. Il ne fut jamais arrêté par la vivacité ou la violence de ces textes.

Non, c'est la *superbe* et la condescendance le plus souvent incultes — pour ne pas dire ignares — de certains réquisitoires contemporains qui m'irritent, surtout lorsqu'ils sont intimement reçus comme des blessures par les hommes et les femmes que je rencontre. Ces réquisitoires n'ont plus rien à voir avec un questionnement ou une controverse documentée. Ils procèdent de l'injonction haineuse, assez proche, au fond, de ce que furent les anathèmes idéologiques du XXe siècle (« Les vipères lubriques », « Tout anticommuniste est un chien ! », etc.). On voudrait convaincre les chrétiens non seulement qu'ils sont « réacs », pour reprendre un substantif à la mode, mais qu'ils sont désormais exclus de l'histoire des idées. Ils sont *out* ou irrémédiablement « en baisse », comme on dit dans les hebdomadaires.

Il est intéressant de se souvenir que durant les premiers siècles du christianisme, dans les décennies qui précédèrent la conversion de Constantin et au sortir des grandes persécutions, il était de bon ton de se dire chrétien. Les intellectuels de l'époque, si l'on peut dire, avaient fini par juger infantiles les croyances païennes des générations précédentes. Aux païens d'être qualifiés de « ringards », si l'on se réfère aux critères contemporains. Aujourd'hui, le mépris a de nouveau changé de camp. Le chrétien moqué, le prêtre calomnié, le pape ridiculisé font la joie des humoristes quand ils ne se voient pas soupçonnés de compromission avec la bêtise moralisatrice ou même la violence terroriste. Le fait d'attacher encore de l'importance à ces affaires de foi procéderait de l'imbécillité. Je pense ici à un ancien camarade de faculté, voltairien proclamé et sociologue de renom, qui cessa tout simplement de me voir lorsqu'il se rendit compte que « je m'intéressais à nouveau à la question chrétienne ». Il me jugea victime d'une pitoyable *rechute*, sujet à une pathologie proche de l'idiotie. Je cessais en tout cas d'être à ses yeux un interlocuteur fréquentable.

Je pense aussi à certains auteurs comme le phénoménologue Michel Henry ou le romancier Frédéric Boyer, qui furent longtemps honorés par la critique pour leur travail et pour leurs livres, jusqu'au jour où ils confessèrent leur inclination chrétienne. Alors, ils purent lire des recensions moqueuses ou faussement navrées dans les pages littéraires de quelques grands journaux. Ils en furent meurtris, alors même qu'ils possédaient, eux, les moyens de se défendre. Mais que dire des croyants ordinaires, ceux qui n'ont accès à aucune tribune et doivent encaisser, jour après jour, ce dédain venu d'en haut ? Un dédain qui, sur le fond, me paraît non seulement injuste mais intellectuellement saugrenu.

*

Cette charge antichrétienne, en effet, laisse souvent entrevoir une ignorance, une inculture vertigineuses qui la renvoient elle-même à sa propre misère. Les déclarations ou promesses des ministres de l'Éducation, de droite ou de gauche, évoquant l'« enseignement du fait religieux » à l'école n'y changent rien. Comme la culture ouvrière ou la grande et belle mémoire paysanne, la mémoire théologique la plus élémentaire — celle qui permet de lire les textes et de les comprendre un tant soit peu — donne l'impression de sombrer dans l'oubli, de s'effacer irrésistiblement de notre mémoire collective. Le vide ainsi creusé laisse le champ libre aux raccourcis rudimentaires, qui fortifient du même coup, dans le camp d'en face, les intégrismes crispés.

Cette ignorance théologique est repérable jusque chez les intellectuels ou les universitaires qui font profession de « combattre l'obscurantisme religieux ». Toute l'histoire du christianisme est ramenée sous leur plume à une succession épouvantable de croisades, d'inquisitions, de violences cléricales tandis que les grands auteurs de la tradition juive ou chrétienne sont présentés comme des manipulateurs ou, dans le meilleur des cas, comme des esprits crédules. Je pense, pour ne citer qu'un exemple, à la sempiternelle évocation de la formule « Je crois parce que c'est absurde », faussement attribuée à saint Augustin et censée démontrer l'incompatibilité de la foi avec la simple raison humaine [1]. La formule est en général convoquée pour attester de l'insondable sottise des croyants. En réalité, la phrase exacte, initialement écrite par Tertullien et non par Augustin, dit : « Le Fils de Dieu est mort : il faut le croire parce que c'est inepte (*credibile est quia ineptum est*). Il est ressuscité après avoir été enseveli : c'est certain parce que c'est étonnant, est-ce assez pour ne pas y croire ? Au contraire, c'est assez pour y croire d'autant plus (*atquin eo magis credendum*) [2]. » Ce n'est donc pas une

1. Voir notamment l'article du philosophe Henri Pena-Ruiz paru dans *Libération* le 20 septembre 2006.

2. Tertullien, *De carne Christi*, 5, 4 et *De baptismo*, 2, 2.

profession de foi antirationaliste, mais l'adaptation d'un type d'argument rhétorique courant dans la pensée grecque, et déjà analysé par Aristote. Il vise à définir ce qu'est la croyance, à quoi correspond le « saut » mental de l'adhésion ou de l'assentiment par rapport à la connaissance qui se rapporte, elle, à ce qui est vérifiable et démontrable.

Ce n'est là qu'un tout petit exemple des manipulations fondées sur l'ignorance et jetées agressivement dans la bataille, sans autres examens. Qui parle aujourd'hui des durs combats juridiques menés par l'Église pour tenter d'adoucir la violence médiévale (« paix de Dieu », « trêve de Dieu », interdiction progressive des ordalies, etc.) ? Qui évoque l'œuvre hospitalière ou éducative poursuivie de siècle en siècle ? Bref, qui garde seulement en mémoire ce qu'un simple étudiant en droit de l'Université laïque et républicaine apprenait encore dans les années 1960 ? Personne, bien entendu. L'histoire entière du christianisme n'est plus revisitée que dans l'optique d'une démonisation outrancière. L'Inquisition, elle aussi, a donc changé de camp.

Dans ce contexte, nombre de chrétiens d'aujourd'hui réagissent de façon émotive et cèdent à des réactions contradictoires. Premier réflexe :

ils rasent les murs et taisent prudemment leur foi, comme ils le faisaient dans les années d'après-guerre, mais surtout dans les décennies 1960 et 1970, face aux grandes intimidations marxiste, sartrienne ou structuraliste. Au-delà de la contrition ou de la repentance, ils consentent à devenir les muets du sérail, absents du débat contemporain, aphasiques même. Dans son célèbre discours de 1948 devant les dominicains du boulevard de La Tour-Maubourg à Paris, Albert Camus leur reprochait déjà — sans agressivité, bien au contraire — de ne plus s'exprimer à haute et intelligible voix sur leur croyance. Il parlait de la timidité des chrétiens d'après-guerre face au terrorisme stalinien. Il avait raison.

Que dirait-il aujourd'hui !

Certains, soucieux de ne pas perdre toute audience, préfèrent se définir comme « sociologues des religions », « historiens des religions » ou « chercheurs en théologie », plutôt que simplement chrétiens. Cette prudence de principe ne me satisfait pas. Elle s'apparente à une capitulation et fait la part trop belle à l'agressivité alentour, à l'inculture généralisée ou au cynisme ambiant. Elle laisse entendre que la tradition chrétienne serait un archaïsme résiduel qui, même s'il demeure respectable, n'a plus *rien à dire* sur le monde du XXIe siècle. Elle range l'adhésion au christianisme au chapitre des affects, des effusions intimes qui ne sauraient déborder sur le terrain réservé à l'intelligence et à la raison raisonnable. Le christianisme, laisse-t-on entendre, est peut-être historiquement estimable mais, au sens strict du terme, il n'a plus *voix au chapitre.*

Or, je suis convaincu du contraire.

Je ne suis pas très sûr d'avoir intimement la foi, mais je crois profondément que le message évangélique garde une valeur fondatrice pour les hommes de ce temps. Y compris pour ceux qui ne croient pas en Dieu. Ce qui m'attire vers lui, ce n'est pas une émotivité vague, c'est la conscience d'une fondamentale *pertinence.* La rétractation de cette parole dans l'enclos de l'intimité me semble aussi insatisfaisante que réductrice. De même qu'est mensongère cette prétendue neutralité axiologique qui consiste à noyer l'impératif théologique dans l'histoire de la théologie, un peu comme on noie l'urgence philosophique dans l'histoire de la philosophie. J'y vois une autre sorte d'obscurantisme. La laïcité véritable, ce n'est pas la peureuse révision à la baisse des points de vue, c'est leur libre expression dans un rapport robuste et dialogique.

D'autres chrétiens obéissent à un deuxième réflexe qui, dans sa symétrie, ne vaut guère mieux. Ils surréagissent avec ostentation en choisissant un repli identitaire qui laisse l'adversité contemporaine mener son tapage à l'extérieur des remparts de l'Église. Ou de ce qu'il en reste. Combien ai-je vu de ces jeunes prêtres ou pasteurs qui, face à l'antichristianisme obsessionnel ou à l'acide dérision des médias, se retranchent dans leur citadelle, sourds aux questions posées, préférant attendre des jours meilleurs en rafistolant tant bien que mal la tradition et en parlant latin ? Faisant cela, ils cèdent à cet « égarement des contraires » dont parle Simone Weil dans *La Pesanteur et la Grâce*. Ils nourrissent sans réfléchir le soupçon qui les accable. Ils croient trouver leur salut dans un dogmatisme renforcé et réinventent ainsi ce catholicisme verrouillé, moralisateur et normatif qu'appréciait tant l'athée Charles Maurras.

J'y reviendrai.

Ces deux postures sont aussi dommageables l'une que l'autre. Les silences précautionneux ne valent pas mieux que le barricadement défensif. Et dogmatique. Mais une fois ces choses dites, on ne peut s'en tenir là et se contenter d'un constat indigné. Ce serait trop facile. Pour aller plus avant, il faut s'engager soi-même, abattre ses cartes. Il ne s'agit pas de prétendre à une « science » ou à une « connaissance » supérieure, mais d'évoquer plus modestement une recherche en retraçant le chemin qu'on a soi-même suivi. Il faut tenter d'*habiter vraiment ce que l'on dit*, être précis et impliqué. Je n'ai aucun privilège ni avantage particulier sur le terrain de la *vérité*. Je ne me sens capable d'aucune parole péremptoire — qui peut l'être par les temps qui courent ? —, mais je peux au moins *dire* de quelle façon, à titre personnel, j'ai vécu ces choses-là. J'ai souvent dénoncé les postures distanciées ou les théories qui n'engageaient à rien.

Comment ne me sentirais-je pas, cette fois, tenu à quelques aveux ?

Ce n'est pas tout. Ma seconde motivation est liée au nécessaire dialogue culturel, confessionnel, civilisationnel auquel nous invite la configuration des sociétés modernes. Elles sont et seront « plurielles ». Le multiculturalisme dont nous faisons — difficilement — l'apprentissage est l'horizon « indépassable » du nouveau siècle, pour reprendre la formule (malheureuse) que Sartre appliquait au marxisme. Ce n'est pas une mauvaise nouvelle, à condition de s'entendre sur ce qu'on appelle cohabitation des cultures. Celle-ci présuppose un *socle* de convictions partagées sur lequel les *différences* pourront vivre. Ce monde commun, cet État de droit, ce consensus républicain selon la formulation qu'on préfère, est la condition minimale qui nous permettra d'être ensemble, de faire vraiment société. Le multiculturalisme, ce n'est donc pas le relativisme absolu, celui qui autoriserait la pratique des mariages forcés ou les mutilations sexuelles des petites filles au nom du respect des différences. La société ouverte n'est pas un rassemblement anomique, sans convictions communes ni règles généralisables.

Or je sais d'expérience que le dialogue proprement dit, c'est-à-dire l'échange pacifique et l'enrichissement réciproque, n'est possible que lorsque chacun accepte de s'assumer clairement pour ce qu'il est : musulman, athée, agnostique, juif, chrétien. Rien n'est plus préjudiciable à une relation apaisée que la ruse identitaire, la conviction incertaine ou le déni de soi-même. Ce n'est pas en relativisant ses croyances ou sa foi qu'on sera mieux écouté par l'*autre*. C'est au contraire en « affichant la couleur », comme on dit. Les convictions fortes et — surtout — avouées ne font pas obstacle au dialogue. Elles en sont la condition.

Essayer de dire clairement qui l'on est ressortit ainsi à la simple politesse républicaine...

*

J'ai été journaliste pendant vingt ans. Avec passion. Préposé aux catastrophes, comme beaucoup de reporters, j'ai approché les guerres, les famines et les révolutions de l'hémisphère sud, celles du Proche-Orient, d'Asie et d'Afrique orientale qui marquèrent les années 1960 et 1970 : le Biafra et le Vietnam, bien sûr, la guerre du Kippour et ses suites, la révolution iranienne, l'interminable guerre civile du Liban, l'effondrement du régime d'Haïlé Sélassié et la révolution en Éthiopie, la guerre entre l'Inde et le Pakistan et la création du Bangladesh (ex-Pakistan oriental). Après deux décennies de cavales continues dans la pure horizontalité de l'événement, j'ai volontairement renoncé au reportage en démissionnant du journal *Le Monde* — celui de Jacques Fauvet —, où je me sentais pourtant chez moi.

J'appelle horizontalité cette façon dont le journalisme effectue constamment des « coupes » instantanées dans le déroulé de l'histoire des peuples, cet assujettissement volage — et obligé — à des « moments » successifs qui renvoie toujours à plus tard le recul et la rumination. Devant l'incompréhension de Fauvet, je ne pus donner qu'une seule raison à ce besoin d'arrêter un métier qui m'avait pourtant comblé : j'avais besoin de réfléchir. Chacun conduit sa vie à sa façon. Il était temps pour moi de poser mon sac. Le besoin de lire, de ruminer justement, se substituait à celui d'observer et de rendre compte.

Avec le recul, je vois un peu plus clair dans mes motivations. J'avais été plus profondément ébranlé que je ne pensais par ces longues années de zapping tragique. On n'assiste pas impunément aux catastrophes du monde. Il faut compter avec une certaine usure morale à laquelle seul le cynisme — réel ou affiché — permet d'échapper. Je n'avais pas de dispositions pour le cynisme. Je ne me sentais pas doué non plus pour cette mise à distance minimale, ce détachement qu'exige, dit-on, le vrai professionnalisme. Il me manquait sans doute cette relative froideur qui rend possible l'exercice durable du métier.

Je me souviens d'un détail, mais qui faisait sens. Au Vietnam, une infime péripétie, pourtant assez ordinaire dans notre métier, m'avait remué et même rendu honteux. Après un reportage en pleine offensive nord-vietnamienne dans la région de Kontum, sur les hauts plateaux, nous avions été précipitamment arrachés à la fournaise des combats par un hélicoptère américain. Nous, c'est-à-dire une demi-douzaine de journalistes, français et américains. Sous les pales du Huey UH 1 en train de décoller, j'avais aperçu le regard désespéré de quelques jeunes soldats de l'armée sudiste (l'ARVN), que nous abandonnions ainsi à leur sort, et sans doute à la mort. L'un d'entre eux avait réussi à monter et s'était recroquevillé au fond de la carlingue d'où le copilote l'avait délogé. Sans ménagement. Soustraits au combat, dispensés des cruautés de l'Histoire en quelque sorte, nous nous étions retrouvés après vingt minutes de vol sur la base américaine de Pleiku où un groupe philippin donnait un concert de rock. Là-bas, à quatre-vingts kilomètres plus au nord, la nuit était tombée sur Kontum et les combats continuaient.

Cette honte brutalement éprouvée m'a habité pendant des années. Je repensais souvent à ces regards éperdus jetés aux voyeurs professionnels que nous étions par les soldats sud-vietnamiens, gosses de vingt ans aux uniformes dépenaillés. Devant ces questions sans réponse, chacun s'arrange comme il peut. Certains confrères s'en tenaient à une distance professionnelle. Ils disaient volontiers que la sensiblerie ne servait pas à grand-chose. Ils avaient raison. Enfin presque. Comment informerait-on convenablement les gens si l'on passait son temps à s'émouvoir de ne pas être soi-même partie prenante à l'événement ? Pas assez de froideur, en effet. En Éthiopie, le jeune étudiant qui m'avait servi d'interprète à plusieurs reprises avait été arrêté par les militaires et je n'avais jamais reçu de ses nouvelles. Avait-il été fusillé, comme beaucoup de ses camarades ? Je repensais souvent à nos voyages communs, à cette connivence qui avait fini par nous lier au milieu des famines éthiopiennes et de l'abjecte « terreur rouge » instaurée par les militaires. Je n'étais décidément pas armé pour une trop longue carrière de reporter. J'avais peut-être épuisé mes réserves de sang-froid. Faut-il ajouter que l'idée du « vieux reporter », désenchanté et intarissable sur ses campagnes, me faisait horreur ?

Mais d'autres raisons, moins subjectives

celles-là, expliquaient mon envie soudaine d'arrêter.

*

Être en permanence au milieu de crises et de violences, d'un bout à l'autre de la Terre, aide à pressentir — mais de manière assez vague — les transformations, les mutations, les bifurcations planétaires à venir. Le journaliste n'est pas plus malin qu'un autre, mais sa pratique continue du terrain et sa familiarité avec l'événement lui donnent une toute petite avance dans la perception des changements. Or, il est clair que vers le milieu des années 1970, on sentait venir des bouleversements qui n'étaient pas réductibles à une idée de crise ou d'étape historique, mais semblaient annonciateurs de *quelque chose d'autre*, d'une bien plus grande ampleur. Le surgissement inopiné d'une révolution religieuse en Iran était de ceux-là. J'avais couvert, à Tabriz ou à Téhéran, quelques-uns de ces incidents énigmatiques qui avaient vu s'affirmer une opposition résolue au régime du Shah, sur un terrain où on ne l'attendait pas, celui de l'islam. Les chancelleries occidentales et les services de renseignements étaient pris de court par cette agitation soudaine, venue, non point des faubourgs pauvres du sud de Téhéran, mais de l'intérieur des mosquées où les Iraniens écoutaient les cassettes d'un vieil ayatollah, alors en exil à Nadjaf, en Irak : Rouhollah Moussavi Khomeyni.

Depuis des années, à Téhéran, on surveillait le parti Toudeh (communiste) ou les groupuscules d'extrême gauche en lutte contre la « dictature proaméricaine » des Pahlavi, et voilà que l'émeute venait d'ailleurs. Elle prenait tout le monde à contre-pied. À Tabriz, je m'en souviens, des manifestants chiites avaient attaqué les succursales de la banque Saderat (propriété de la minorité baha'ie), s'étaient fait ouvrir les coffres et avaient brûlé des monceaux de billets sur les trottoirs. Brûler des billets ! Ce qui démarrait en Iran n'était pas ordinaire et cette révolution-là risquait de nous surprendre. Visiblement, les Iraniens n'étaient pas en quête de liberté ou d'égalité sociale ; ils voulaient redevenir iraniens et chiites ; ils rejetaient l'américanisation accélérée du pays, objectif initial des Pahlavi, grands admirateurs de la révolution kémaliste turque.

Fondé sur une revendication identitaire et religieuse, ce mouvement étrange annonçait un changement de donne planétaire. Dans les années 1980 et 1990, la suite de l'histoire mondiale et l'essor des fondamentalismes de toutes sortes n'ont pas démenti cette hypothèse.

Dans un autre ordre d'idées, je pense à la sauvagerie spécifique du « passage à l'acte » qui s'était manifestée au Liban, durant les premières années de la guerre civile. Cette fois, il ne s'agissait plus de géopolitique. Nous avions l'impression d'être confrontés à quelque chose d'indicible, à un type de violence qui ne nous était pas familière. Quantitativement, elle n'était pourtant pas plus intense que celle du Vietnam ou du Bengale. Elle nous paraissait cependant d'un autre genre. Elle participait d'une jubilation barbare qui ne relevait pas de la seule passion idéologique ou religieuse. Le soir, à Beyrouth, chez le correspondant du *Monde*, Lucien Georges, nous en parlions jusque tard dans la nuit. Dans le décor très occidentalisé de Beyrouth, dans une ville opulente qui ressemblait alors à Nice ou à Montpellier, nous n'étions plus protégés par la distance ambiguë de l'exotisme. Nous vivions des horreurs indescriptibles qui, pensions-nous, pouvaient très bien advenir chez nous, dans la vieille et somnolente Europe. Des horreurs ? Oui, ce vertige étrange qui, en quelques instants, peut métamorphoser un homme ordinaire en un tortionnaire capable de tout. C'était l'opaque mystère du passage à l'acte ; la confrontation avec cet « ennemi intime » qui habite chaque être humain. Au-delà des dimensions politique, sociale, idéologique ou confessionnelle de ces guerres libanaises enchevêtrées, l'événement nous jetait à la figure une question qui ne concernait plus vraiment le journalisme et cette question était celle du Mal.

Oh, certes, ce n'était pas la première fois que la question du Mal, en tant que tel, faisait irruption avec fracas dans l'histoire contemporaine. La Shoah n'était pas si loin. Ni la guerre d'Espagne. Pour notre génération de reporters néanmoins, c'était une redécouverte. L'Europe d'après-guerre, celle de la modernité puis de la postmodernité, celle du rationalisme démocratique dans laquelle nous avions vécu, avait expulsé la thématique du Mal, une affaire ontologique qui n'intéressait plus les sciences humaines et paraissait liée à des temps révolus. Or, c'est bien cette « antique » question qui ressurgissait avec fracas dans les rues de Beyrouth ou dans les montagnes du Chouf livrées à la gratuité funèbre des massacres. Plus tard, il y aurait les abjections de l'ex-Yougoslavie, du Rwanda ou même celles du 11 septembre 2001. Pour moi, le retour de cette question spirituelle du Mal dans la conscience occidentale reste associé au Liban des années 1970. Tout cela invitait, en effet, à des réflexions plus « verticales ».

Parmi les événements qui me semblaient annonciateurs de grandes bifurcations anthropologiques, il faut évidemment évoquer la chute finale du communisme que l'on pouvait pressentir après la publication des grands livres de Soljenitsyne ou l'échec d'Alvaro Cunhal, chef du Parti communiste portugais, au cours de la « révolution des œillets » en 1974-1975. On peut aussi mentionner la politisation progressive, durant cette même période, des questions liées à l'écologie ou aux mœurs (divorce, homosexualité, avortement, etc.). Je songe également aux innovations technologiques décisives qui se préparaient dans la Silicon Valley où j'avais été en reportage vers la fin des années 1970, innovations qui allaient déboucher sur l'informatisation généralisée du monde.

En outre, à la même époque, à Paris, nous avions reçu François Gros, de l'Institut Pasteur, dans le cadre d'un minuscule club de réflexion fondé par le général Buis et dont Jean Daniel, Françoise Giroud, Jean Lacouture, François Bloch-Lainé et quelques autres faisaient partie.

François Gros, en petit comité, nous avait longuement expliqué les tenants et aboutissants de la révolution génétique, laquelle n'avait pas encore été médiatisée, sauf dans quelques revues scientifiques très spécialisées. Nous l'avions assailli de questions. Clonage, thérapie génique, médecine prédictive : nous entendions ces expressions pour la première fois. Cette soirée studieuse m'avait durablement impressionné. Gros nous avait communiqué sa conviction que les « bifurcations » annoncées toucheraient *aussi*, et fatalement, notre rapport au vivant, à la procréation, aux structures de la parenté, à la filiation. Nous avions mesuré, les uns et les autres, notre ignorance abyssale sur ces questions.

Pour toutes ces raisons, j'avais l'impression assez confuse que nous sortions pour de bon du monde de l'après-guerre et de ce qu'on pourrait appeler la « première modernité ». J'avais du mal à dépasser et même à exprimer cette intuition. Je me sentais démuni, en panne de concepts. J'étais en quelque sorte sans outils théoriques. À cause de cela, le journalisme de terrain m'apparaissait soudainement comme trop « court ». Sauf à en rester à une description de surface, sauf à m'en tenir à ce journalisme plutôt littéraire que j'avais appris à pratiquer au fil des années.

*

Aujourd'hui, avec vingt ans de recul, six gros livres publiés sur le sujet et beaucoup de travail, j'y vois un tout petit peu plus clair quant à la « bifurcation » anthropologique évoquée plus haut. Nous sommes entrés, en effet, dans une période axiale au sens où l'entendait Karl Jaspers, c'est-à-dire que nous vivons des *temps apocalyptiques.* Mais entendons-nous bien sur le sens de cette remarque. Le sens commun a faussé la signification du concept d'Apocalypse et en a fait un quasi-synonyme du mot catastrophe ou engloutissement final. En réalité le mot vient du grec, *Apocalupsis*, qui signifie révélation, surgissement. Ce qui arrive aux sociétés humaines en ce début de millénaire n'est pas nécessairement une catastrophe, même si cette dernière est de l'ordre du possible. Parler de *temps apocalyptiques*, c'est donc faire le pari du surgissement, de la « révélation » d'un monde transformé. Depuis le début des années 1980, trois révolutions sont en cours qui interfèrent l'une sur l'autre et accélèrent réciproquement leurs effets : une révolution économique avec la mondialisation, une révolution numérique avec l'apparition du cyberespace (un sixième continent), une révolution génétique qui modifie notre rapport au vivant lui-même.

Ces trois révolutions ne sont que les trois facettes d'un « saut qualitatif » de l'aventure humaine. Un saut face auquel les disputes idéologiques ordinaires, les empoignades sonores qui habitent le champ politique et médiatique n'ont plus beaucoup de sens. Nous changeons effectivement d'ère, comme l'annonçait Jacques Robin en 1989 [1]. Devant cet effondrement du vieux monde, aussi spectaculairement perceptible que demeure indéchiffrable le surgissement du nouveau, une frayeur très légitime nous étreint. Elle conduit certains vers une nostalgie angoissée — le mythe du bon vieux temps — ou les enferme dans ce que j'appelle la « pensée grognon ».

Comment pourrait-il en être autrement ?

Les contemporains d'Augustin vécurent-ils sans crainte la fin de l'Empire romain ou le sac de Rome par les Wisigoths en 410 ? Les contemporains de Montaigne n'avaient-ils pas été

---

1. Jacques Robin, *Changer d'ère*, Le Seuil, 1989.

apeurés par le délabrement progressif de la vieille féodalité chrétienne et médiévale ? Aujourd'hui, de la même façon, nous avons l'impression de perdre de vue nos amers : dans notre rapport à la temporalité, à l'Histoire, à la démocratie, à la famille, à la transmission, à l'éducation, aux structures élémentaires de la parenté, etc. Ces fragments de notre culture ordinaire se brouillent puis s'effacent, à mesure que disparaît le vieux monde. Quant au monde nouveau qui surgit apocalyptiquement devant nous, il est porteur de promesses à tenir et de menaces à conjurer, mais nous avons beaucoup de mal à simplement le déchiffrer. Il demeure opaque et donc imprévisible, avec tous les risques que cela comporte. Les grandes bifurcations anthropologiques s'accompagnent en général de désordres, de violences, de chaos momentanés. Nous n'en ferons pas l'économie. Pour le reste, ce monde à venir est tellement « autre » que nous n'avons pas encore forgé les concepts qui permettront de le penser, c'est-à-dire de le *saisir*. Nous vivons encore dans un monde largement impensé, ce qui ne veut pas dire qu'il soit impensable. Or, parce qu'il n'est pas encore pensé, ce nouveau monde échappe largement à la maîtrise démocratique.

En toute logique, nous sommes donc — et surtout — dans ce que j'appelle la « grande inquiétude[1] ».

De tout cela, au début des années 1980, je n'avais qu'une conscience imprécise. La marche du monde, je le sentais, me deviendrait vite illisible et incompréhensible si je m'en tenais à l'effervescence de l'*actualité*. Il fallait réfléchir d'une autre façon. Creuser.

Après avoir quitté *Le Monde* pour devenir directeur littéraire aux éditions du Seuil, j'ai eu la chance d'être mêlé à une vraie aventure intellectuelle, « embarqué », si j'ose dire, dans un groupe de chercheurs appartenant à des disciplines différentes et qui se posaient très exactement ce genre de questions. Cette mouvance imprécise qui entendait promouvoir une démarche « systémique » mêlait des spécialistes venus des sciences dures, c'est-à-dire des mathématiques, des neurosciences, de l'économie, de la cybernétique, et des universitaires relevant des sciences molles, celles qu'on appelait jadis les « humanités : la sociologie, l'anthropologie, la philosophie, la théologie, etc. Les membres de

1. C'est le titre que j'ai donné à un long article publié en janvier 2006 dans la revue *Études*.

ce groupe très informel (et dont Jean-Pierre Dupuy était l'un des plus ardents promoteurs) étaient animés par la volonté de mettre en commun leurs savoirs, de mener une réflexion à la fois transdisciplinaire et affranchie de l'idéologie. Un sentiment d'urgence conceptuelle les habitait.

En devenant leur éditeur, je me suis mis à leur école, avec le sentiment rafraîchissant de retourner, par nécessité, sur les bancs de l'Université. Je dois à des gens comme Jean-Pierre Dupuy, Henri Atlan, Jean-Marie Domenach ou Cornelius Castoriadis de m'avoir ouvert la voie et permis de suivre les quelques grands colloques internationaux qui, avec le recul, sont considérés aujourd'hui comme fondateurs, par exemple le colloque international *Disorder and Order*, qui s'est tenu en octobre 1981 à l'université de Stanford en Californie et dont nous avons publié les actes au Seuil.

Plusieurs de ces défricheurs de concepts, parmi lesquels certains sont devenus des proches, ont aujourd'hui disparu. Je pense notamment à Louis Dumont dont je dirai un mot plus loin, à Jean-Marie Domenach, ancien directeur de la revue *Esprit*. Je songe également au philosophe et psychanalyste Cornelius Castoriadis déjà cité, grand spécialiste de la Grèce, artisan avec Claude Lefort de la première critique de gauche du marxisme vers la fin des années 1940 [1] et dont je suis devenu l'éditeur jusqu'à sa disparition en 1997. D'autres protagonistes de ces rencontres sont toujours vivants. Je leur dois énormément : René Girard, Michel Serres, Edgar Morin, Paul Dumouchel, Jacques Robin, Jean-Marc Lévy-Leblond et quelques autres. C'est en m'appuyant sur leur travail, leurs conseils et leurs encouragements que j'ai fini par trouver, dix ans plus tard, l'audace de « passer à l'acte », en publiant moi-même des essais qui tentaient de naviguer entre ces disciplines.

Pour affronter la *grande inquiétude*, il s'agissait de surmonter cet obstacle calamiteux qu'Edgar Morin et Michel Serres appellent la « parcellisation du savoir ». Cette parcellisation, aggravée par le corporatisme universitaire, aboutit à compartimenter la réflexion, tant et si bien que cette dernière devient inaccessible au lecteur ordinaire, même cultivé. En outre, chaque chercheur est si rigidement conformé — j'allais écrire

1. Notamment à travers le groupe – et la revue – *Socialisme ou barbarie* (1949-1965), groupe très influent dans les années 1950.

formaté — par sa propre discipline, captivé par son domaine de recherche, qu'il résiste mal à la tentation du réductionnisme. Le plus souvent il y cède, y compris en matière de langage ou de jargon. Le généticien sera tenté de tout expliquer par la génétique, le juriste s'en remettra à la philosophie du droit, l'informaticien cherchera un salut pour nos sociétés dans les performances des microprocesseurs, l'économiste fera confiance aux modélisations économétriques, etc. Je force le trait, bien sûr, mais je ne crois pas être très loin de la vérité. Cette parcellisation et ces réductionnismes juxtaposés nous renvoient à l'aphorisme de Mark Twain : « Quand on a pour seul outil un marteau, tous les problèmes ressemblent à des clous. »

Or, qu'est-ce qu'un savoir qui n'est plus qu'un instrument brisé en mille fragments ? Que peut bien apporter aux hommes d'aujourd'hui une juxtaposition de réductionnismes, à la fois très savants et cadenassés sur eux-mêmes ? Oh, certes, la figure de l'honnête homme au savoir encyclopédique n'est plus de mise. S'il s'affrontait à la complexité des recherches contemporaines, un Pic de la Mirandole animé par la volonté de « tout savoir » se casserait les dents. Ou, plus exactement, il sombrerait dans le même ridicule que Bouvard et Pécuchet, les personnages de Flaubert. Tout est affaire de mesure et de méthode. Entre la vieille utopie encyclopédique très en vogue du XVe au XVIIIe siècle et la parcellisation vertigineuse d'aujourd'hui, il y a des conciliations à trouver, de passerelles à jeter, des rapports dialogiques à instaurer, des messages à transmettre d'une discipline à l'autre.

*

Pendant quatorze années — de 1981 à 1995 —, tout en apprenant mon nouveau métier d'éditeur, j'ai beaucoup lu, écouté, travaillé. Colloques, débats, rencontres... J'étais porté par une ravigotante ébriété intellectuelle, tout en éprouvant jusqu'au vertige le sentiment de ma propre ignorance. Je m'amusais de voir l'ancien directeur de la revue *Esprit*, Jean-Marie Domenach, très largement mon aîné, se lancer dans la même exploration, avec le même appétit, mais avec aussi beaucoup d'avance sur moi. Son envie de faire partager ses découvertes l'avait conduit à accepter, en 1981, une commande de Jean Boissonnat, alors directeur de *L'Expansion* : une longue et méticuleuse *Enquête sur les idées contemporaines*, d'abord insérée dans le journal sous forme de feuilleton, puis réunie en livre publié au Seuil. Avec un très grand succès. Pour ce qui me concerne, et jusqu'à l'année 1995, je ne me sentais pas encore en état de publier quoi que ce soit. J'étais en apprentissage.

En attendant, je continuais d'écrire des livres de voyages, des reportages au long cours. J'étais retourné avec Raymond Depardon au Vietnam et en Éthiopie, dans les pays de l'Est en pleine déconfiture communiste, y compris en Albanie, avec Cabu. C'était des moments d'escapade, de respiration. J'avais aussi repris en solitaire la route de la première croisade depuis Bouillon (dans les Ardennes belges) jusqu'à Jérusalem, pour un feuilleton d'été dans *Le Monde.* Rentré à Paris, je m'affrontais tant bien que mal à l'anthropologie, à l'épistémologie, à la philosophie analytique, aux sciences cognitives, à l'économie, à la théologie.

Bref, j'étais redevenu étudiant. Fébrilement.

Il n'y avait, tout d'abord, dans ce travail personnel, aucune intention apologétique ni le moindre projet de réhabilitation du judéo-christianisme. Je ne songeais pas davantage à un

« retour » au religieux. Ce n'était vraiment pas mon projet. Je partais à l'aventure, comme je partais autrefois en reportage... Je n'étais animé ni par un élan mystique ou sentimental, ni même par une sorte de désarroi religieux qui auraient fait de moi un futur *born-again*, ou un « recommençant » comme on dit aujourd'hui dans l'Église catholique. Autrement dit, je n'avais aucune arrière-pensée, aucune disposition particulière à l'égard du christianisme, qu'elle soit favorable ou hostile.

J'oserais même ajouter, au risque de heurter certains croyants, que rien ne m'ennuyait plus que les débats sur l'existence ou la non-existence de Dieu. D'instinct, je m'en détournais. Ils me semblaient datés, archaïques même. Quand je feuilletais, en librairie, des livres sur cette question, j'avais une impression d'étrangeté absolue. Ils me renvoyaient à ces quelques volumes pieux du XVIIIe siècle qui proposaient, en les numérotant, des « preuves de l'existence de Dieu ». Cela me paraissait assez risible. À quoi bon débattre sur l'indécidable ? Pour quoi faire, au juste ? Quel serait ce Dieu dont on parviendrait à prouver l'existence ? Le « concordisme », très en vogue durant ces années-là surtout aux États-Unis, et qui visait à mettre la nouvelle connaissance scientifique au service de la foi religieuse, à tirer un profit théologique de la mécanique quantique ou de la physique des particules, me hérissait.

À l'époque, mon désintérêt pour ce qu'il est convenu d'appeler le divin n'était pas vraiment réfléchi, et encore moins articulé. C'était un pur réflexe. J'avais plutôt envie de travailler sur la crise contemporaine des fondements, sur la fin de la métaphysique et des métarécits, sur l'éviction de l'ontothéologie. C'est au fil de mon travail, de livre en livre, que j'ai été ramené, insensiblement, presque malgré moi, à la question chrétienne. J'ai suivi une approche qu'on pourrait qualifier de latérale. Ma démarche n'était pas religieuse, au sens ordinaire ou cérémoniel du terme. Elle ne participait ni de l'effusion, ni de la nostalgie, ni même de la quête spirituelle, comme on dit maintenant.

Elle était platement anthropologique.

Je n'avais été pas foudroyé par une conversion soudaine. Je n'étais pas non plus en quête de consolation, ni dans le désespoir existentiel. Les questions qui m'habitaient étaient infiniment plus modestes, plus terre à terre oserai-je dire. Pour dire les choses en peu de mots : c'est une curiosité quasi journalistique qui me guidait.

Comment se sont constituées nos démocraties modernes ? Pourquoi adhérons-nous collectivement à telle ou telle conviction ? Quelle sorte de nihilisme ou de relativisme capitulard menace aujourd'hui nos sociétés emportées vers la grande « bifurcation » ? Quel bagage, quel viatique minimal nous faudrait-il sauver dans ce tourbillon apocalyptique ? C'est peu à peu, à partir de ces questions et en vertu d'un enchaînement conceptuel, que j'ai fini par me demander si je n'étais pas en train de redevenir chrétien, à supposer que j'aie jamais cessé de l'être.

*

Sur ce dernier point, je n'ai pas envie de tricher. Mon parcours biographique est assez banal. Il ressemble à celui des gens de ma génération. Né en 1944, j'ai été élevé comme un petit catholique de province. J'ai fait mes études à l'école laïque et républicaine et je n'ai jamais été soumis à un moralisme pesant, et encore moins à la « persécution cléricale ». Mes parents n'étaient ni dans la dévotion ni dans l'athéisme militant. Ils incarnaient assez bien cette espèce de sociologie chrétienne plutôt routinière et sans vraie profondeur. Devenu étudiant dans les années 1960, comme la plupart des gens de mon âge, je me suis vite éloigné de l'Église, j'ai cessé d'aller à la messe, j'ai même quasiment perdu de vue aussi bien l'institution que l'interrogation elle-même. Cela ne m'intéressait plus. Ces questions s'étaient détachées de moi. Du moins est-ce ainsi que j'éprouvais les choses.

En mai 1968, j'avais vingt-quatre ans. J'étais déjà journaliste mais encore étudiant. Le journal *Sud-Ouest* où je travaillais pour payer mes études de droit m'avait envoyé à Paris pour « couvrir » cette grande affaire. Je pigeais aussi à *Combat*, le journal de Philippe Tesson, encore installé dans ses premiers locaux de la rue du Croissant, journal quasi émeutier que tous les étudiants lisaient sur les barricades. J'ai passé à Paris les mois de mai et juin 1968, dans une disposition d'esprit assez paradoxale. Je me sentais partie prenante du mouvement mais j'étais en même temps témoin salarié, chargé d'en rendre compte. Où était ma vraie place : sur les trottoirs du boulevard Saint-Michel, avec mes confrères et mon carnet de notes, ou bien au milieu de la rue, parmi les manifestants ?

J'ai gardé quelques-uns des nombreux articles que j'ai publiés durant ces deux mois de fièvre. Pour l'essentiel, ils sont jubilatoires, même s'il y transparaît une méfiance à l'égard de ce qu'on appelait alors les « groupuscules », c'est-à-dire les organisations d'extrême gauche les plus politisées et les plus dogmatiques (à l'exception du Mouvement du 22 mars de Daniel Cohn-Bendit, dont j'aimais la créativité et la liberté de parole). À distance, je m'aperçois que les interprétations à chaud des événements qui m'intéressaient le plus, à l'époque, étaient celles de gens comme Maurice Clavel ou Michel de Certeau.

Maurice Clavel, que j'avais croisé deux ou trois fois rue du Croissant, fut l'un des premiers, je crois, à souligner que, au-delà des apparences et du langage, les soixante-huitards étaient en train de rompre avec le marxisme dans lequel baignait encore l'Université française. Pas seulement avec le stalinisme ou le Parti communiste, comme le répétaient les journaux, mais avec le marxisme lui-même. Cette rupture, assez curieusement, s'exprimait dans un « pathos » et un vocabulaire eux-mêmes marxistes — les seuls disponibles — mais, en l'occurrence, le fond contredisait la forme. On sentait l'influence des situationnistes avec lesquels Jacques Ellul, mon professeur de doctorat, avait fait un bout de route quelques années auparavant. Les gens de mon âge parlait marxiste comme on parle du nez, mais c'était pour énoncer des choses assez peu marxistes. Jean-Paul Sartre lui-même, interviewé fin mai 1968 par Daniel Cohn-Bendit dans un numéro du *Nouvel Observateur* imprimé en Belgique pour cause de grèves, énonçait cette phrase incroyable, reprise en titre sur une double page : « L'homme ne se nourrit pas que de pain ! » La proclamation ne sonnait pas très marxiste, en effet. Sartre reprenait la Bible !

Mes lectures des analyses de Clavel ou celles de Michel de Certeau étaient pourtant étonnamment oublieuses de la part chrétienne qui les nourrissait. Je lisais des auteurs chrétiens sans prendre véritablement en compte le fait qu'ils l'étaient.

C'est venu bien plus tard…

*

Aujourd'hui, c'est un fait, plus j'avance dans mon travail, plus la question du judéo-christianisme m'intéresse et m'occupe. C'est vrai. Comment dire les choses autrement ? Je prends goût à la théologie et au travail de réinterprétation des textes évangéliques. Je ne suis pourtant pas devenu « pieux », loin s'en faut. Cet intérêt pour l'héritage biblique demeure assez intempestif, j'allais écrire innocent. Je ne me sens pas capable de grands discours et encore moins de prosélytisme. Lorsqu'on m'invite à faire des conférences dans des milieux catholiques, protestants ou juifs, je suis assez embarrassé. J'ai envie de dire à ces gens qu'ils « dorment sur un trésor », mais je sens bien ce que peuvent avoir de ridicule ces proclamations apologétiques venues de l'extérieur. Et, pourtant, je suis bel et bien convaincu qu'il y a là un trésor, en effet, qu'il s'agirait de retraduire avec les mots et les concepts d'aujourd'hui.

Alors ? Je peux seulement essayer de décrire comment cette alchimie s'est faite en moi, comment ces choses ont infusé, presque à mon insu, et pourquoi j'en viens à me poser aujourd'hui, et de plus en plus frontalement, la question de la foi. Pour user d'une métaphore, je dirais que, pour moi, toutes ces évolutions, tout ce voyage, ont suivi des figures concentriques. Ma démarche a d'abord été très périphérique par rapport à la foi chrétienne, puis les cercles de ma curiosité se sont rapprochés du noyau central, qui est celui de la croyance proprement dite. J'en suis là.

Pour être plus précis, j'ai l'impression d'avoir

successivement abordé trois cercles concentriques. Me voilà parvenu au dernier, là où se pose l'ultime question : celle du « saut ».

Je suis sur le plongeoir.

Premier cercle

Les sources de la modernité

Quel fut le premier cercle ?

Au départ, c'est en réfléchissant à la « première modernité » qu'il m'a semblé découvrir — ou mieux comprendre — à quel point celle-ci était assez largement un phénomène post-chrétien, ou disons post-judéo-chrétien. (La dimension juive est essentielle.) Je veux dire qu'au cœur même de cette modernité sécularisée, que nous croyons agnostique et même agressivement antichrétienne — du moins en France —, la *trace chrétienne* est plus présente que je ne l'imaginais. Je ne cacherai pas que cette découverte a été un vrai choc. Une remarque de René Girard me revient aujourd'hui en mémoire : « C'est ce qui reste de chrétien en elles qui empêche les sociétés modernes d'exploser. » De cela, je suis dorénavant persuadé. Je serai même tenté d'ajouter que, si le christianisme donne l'impression de disparaître, c'est peut-être justement — et aussi — parce qu'il a rempli historiquement son office et que le message dont il était porteur a été grosso modo adopté dans sa version séculière par la société moderne.

Adopté mais coupé de sa source...

*

La plupart des convictions auxquelles nous adhérons spontanément, celles qui sont inscrites dans la Déclaration des droits de l'homme et du citoyen de 1948, et qui fondent la démocratie occidentale, trouvent leur source dans le biblique. Pour être plus exact, disons qu'elles procèdent de cette prodigieuse confluence des premiers siècles de notre ère entre le judaïsme, la pensée grecque et le christianisme, les trois étant si intimement imbriqués que les querelles de bornage n'ont pas beaucoup de sens. Or, ce sont des valeurs auxquelles souscrivent aujourd'hui non seulement les Occidentaux que nous sommes mais aussi beaucoup d'intellectuels indiens, chinois ou autres. La thèse du « choc des civilisations » n'est pas le dernier mot de l'Histoire. Elle est même assez largement stupide. En 1948, à la demande d'Éléonore Roosevelt, des philosophes appartenant à d'autres cultures ont participé à la rédaction de ladite Déclaration. Or, si on cherche à faire la généalogie de ces valeurs minimales et consensuelles, si l'on tente d'expliquer d'où elles viennent, de quelle histoire, de quelle germination anthropologique, de quels emboîtements successifs elles sont le produit, on s'aperçoit que bon nombre d'entre elles ont lointainement partie liée avec la Bible.

Ce n'est pas une profession de foi, c'est un constat.

En France, ce constat est occulté par une expérience historique bien particulière. Il est clair que nos Lumières, au XVIIIe siècle, ont été vécues comme un mouvement d'émancipation et de liberté qui s'est développé en résistance, voire en révolte contre l'Église catholique et même contre le christianisme. Dans notre mémoire collective gît la conviction que la liberté de penser, l'autonomie de la personne, la laïcité, la démocratie elle-même ont été conquises en combattant l'emprise cléricale associée à l'Ancien Régime. Au XIXe siècle, après la Restauration et le Second Empire, la naissance de la République est passée non seulement par un anticléricalisme de principe, mais par un rejet affirmé de l'héritage évangélique lui-même. C'est de cette façon que nous, Français, avons vécu et écrit l'histoire moderne. L'attachement de la gauche aux antichrétiens historiques (Voltaire, Condorcet, Holbach, Schopenhauer, Nietzsche, etc.) est plus affirmé chez nous, plus radical, plus vétilleux que dans n'importe quel autre pays. Derrière notre attachement, très légitime, à la laïcité française, on trouve trace de ces combats originels contre « l'infâme », c'est-à-dire le catholicisme désigné par Voltaire. Nous avons du mal à admettre cette *double filiation* historique que rappelait Marc Bloch et qui fait en réalité de la France aussi bien la fille aînée de l'Église que l'héritière de la Révolution. Nous devrions être à la fois sensibles, ajoutait Bloch, au souvenir du sacre de Reims et à celui de la fête de la Fédération. Or, nous ne retenons que le second héritage.

À tort.

Aujourd'hui, en 2007, le discours français ordinaire porte l'empreinte de cet athéisme combatif qui pense incarner à lui seul l'émancipation. Il paraît évident à la plupart des Français progressistes que les valeurs démocratiques ont été arrachées par la réflexion, et quelquefois par les armes, à ce que nous appelons l'obscurantisme judéo-chrétien ou l'autoritarisme clérical. Et, d'une certaine façon, c'est vrai. Notre histoire moderne — 1789, 1848, la Commune, la querelle moderniste, la laïcité — est jalonnée de luttes sociales et politiques dans lesquelles l'Église catholique en tant qu'institution se trouvait continûment du mauvais côté. Nul ne peut contester cette évidence. Il nous suffit de relire quelques pages du *Syllabus* de 1864, promulgué par Pie IX et adjoint à l'encyclique *Quanta cura* qui condamne le rationalisme et les « idées modernes », pour nous en convaincre. Nous pensons donc que la modernité tout entière n'a pu advenir qu'en rejetant résolument comme des naïvetés ignorantes la tradition chrétienne et la normativité catholique. Toute l'histoire de la IIIe République est marquée par cet anticléricalisme et cet antichristianisme de combat qui provoquaient en retour — et sauf exception — une crispation réactive de l'institution catholique.

De tout cela, j'étais moi-même convaincu. Cela ne me paraissait pas pouvoir être discuté. En ce sens, j'étais « français », plus encore que je ne l'imaginais. Comme nombre de mes compatriotes, j'étais paisiblement acquis à l'idée que nous avions historiquement rompu avec l'héritage judéo-chrétien. À titre personnel, comme ancien élève de l'école laïque, je n'avais aucun compte à régler avec le cléricalisme catholique. Mais, à l'inverse, je ne me sentais pas spécialement en dette à l'égard de la tradition évangélique.

Par la suite, c'est mon travail, mes rencontres, mes lectures — notamment de certains philosophes français comme François Châtelet ou d'essayistes américains comme Peter Brown, spécialiste de l'Antiquité tardive — qui m'ont conduit à réviser ce point de vue. Je me suis d'abord aperçu qu'il était, en fin de compte, assez hexagonal, c'est-à-dire étroitement tributaire d'une histoire très française. Aux yeux d'un Britannique, d'un Allemand ou a fortiori d'un Américain, les choses ne se présentent pas de cette façon. Outre-Atlantique ou même outre-Rhin, il paraît assez clair que la démocratie n'a pas été conquise seulement « contre » le christianisme, mais aussi grâce à lui, dans son prolongement, en intégrant et en laïcisant son héritage. (Cela n'exclut pas, bien entendu, des combats contre le cléricalisme, mais c'est une autre affaire.)

Hors de France, on accepte l'idée d'un continuum à peu près sans rupture qui, partant du biblique, conduit de proche en proche à la modernité démocratique. Nietzsche lui-même ne dit pas autre chose lorsqu'il définit la démocratie — qu'il exècre — comme un « christianisme devenu nature ». Un auteur comme Gianni Vattimo, philosophe italien de la déconstruction et ami de Jacques Derrida, mais qui a annoncé qu'il faisait finalement « retour au christianisme[1] », n'a pas tort de rappeler cette filiation, de même qu'il a raison de citer cette fameuse remarque de son compatriote le philosophe Benedetto Croce (1866-1952) : « Nous ne pouvons pas ne pas nous dire chrétiens. » Par ce « nous », Croce désignait les hommes de la modernité, qu'ils soient ou non des croyants.

Ce texte, bien connu des Italiens cultivés, date de 1942. Je m'y suis évidemment reporté. Croce, philosophe hégélien, qui fut aussi un très grand critique littéraire, ne se plaçait pas sur le terrain de la mystique, du sentiment ou de la foi. Il affirmait s'appuyer sur un constat purement anthropologique. À ses yeux, le christianisme a bel et bien représenté « la plus grande révolution que l'humanité ait jamais accomplie : si grande,

1. Gianni Vattimo, *Espérer croire*, Le Seuil, 1998.

si complète et si profonde, si féconde de conséquences, si inattendue et si irrésistible dans sa réalisation, que l'on ne s'étonne pas qu'elle ait paru ou qu'elle puisse encore apparaître comme un miracle, une révélation d'en haut, une intervention directe de Dieu dans les choses humaines qui ont reçu de lui une loi et une orientation complètement nouvelles ». Pour Croce, la principale révolution introduite par le christianisme dans l'histoire humaine, c'est d'avoir agi « au centre de l'âme, dans la conscience morale [...], en mettant l'accent sur l'intimité et la particularité de la conscience, elle semble presque avoir donné à celle-ci une nouvelle vertu, une nouvelle qualité spirituelle qui avait jusque-là fait défaut à l'humanité[1] ».

Dans ce texte assez incroyable, Croce ne nie pas que les Églises aient pu jouer, dans l'Histoire, un rôle ambigu et parfois très critiquable dans la mise en œuvre de cette « révolution chrétienne », mais là n'est pas son problème, pourrait-on dire. À ses yeux, les Églises ne sont jamais que des institutions humaines, comme peuvent

1. Je me fonde ici sur la traduction française publiée dans la revue *Commentaire*, n° 1001, printemps 2003, pp. 145, 146.

l'être les Universités ou les académies scientifiques. Leurs bévues, leurs fautes voire leurs crimes temporels n'empêchent pas ladite « révolution » de cheminer en profondeur comme, écrit-il, « un grain protégé et caché qui germera et donnera de nouvelles pousses ». Quant aux hommes de la modernité qui se veulent les héritiers de la Renaissance et des Lumières et affichent parfois un athéisme résolu — ceux-là mêmes « que l'Église de Rome, soucieuse (il ne pouvait en être autrement) de protéger son institution et l'organisation qu'elle avait donnée à ses dogmes au concile de Trente, devait désavouer et persécuter et, pour finir, condamner », Croce les considère comme des « chrétiens du dehors ». L'expression ne leur conviendra sans doute pas, mais elle dit bien ce qu'elle veut dire. D'autres parlent de « chrétiens culturels » ou de « postchrétiens ».

Je préfère quant à moi la formule de Croce.

On pourrait débattre longtemps sur cette question mais ce n'est pas mon objet. Je voudrais simplement mentionner à quel point cette révision de mes propres préjugés et cette prise de conscience élémentaire ont été déterminantes. Je les ai vécues dans une certaine excitation intellectuelle. Elles m'ont ouvert des perspectives. Elles m'ont aidé à mieux repérer la généalogie lointainement judéo-chrétienne de plusieurs postulats essentiels que nous identifions aujourd'hui à la modernité. Or n'est-ce pas fragiliser dangereusement ces valeurs fondatrices que de négliger ou d'oublier leur histoire ? N'est-ce pas mettre en péril nos valeurs communes — et désormais « laïques » — que de trancher le fil qui les relie, de siècle en siècle, à leur matrice originelle ? Ébranlé par cette redécouverte, j'ai consacré un livre entier — *La Refondation du monde* — à cette question généalogique en essayant de définir — mais aussi de raconter — six valeurs principales. C'est cette recherche en paternité qui m'a permis de mieux circonscrire ce que j'appelle maintenant le « premier cercle ». Je me suis rapidement retrouvé, si j'ose dire, en territoire judéo-chrétien.

*

Je ne vais pas réécrire *La Refondation du monde*. Je veux simplement retracer le plus exactement possible un cheminement. De ces convictions modernes qui plongent leurs racines dans l'héritage helléno-judéo-chrétien, je donnerai seulement quelques exemples.

La première de ces convictions, c'est paradoxalement l'individualisme, cette liberté hautement revendiquée, et qui semble aujourd'hui la plus antichrétienne de toutes les proclamations modernes, celle que l'on retourne à tout bout de champ contre le religieux en général et le christianisme en particulier. Si nous sommes libres de choisir notre vie, d'affirmer nos droits, d'imposer nos préférences, répète le discours dominant, c'est bien parce que nous avons triomphé des contraintes normatives et collectives dont l'essence était d'abord religieuse. En clair, nous pensons devoir notre liberté individuelle au fait que nous avons courageusement jeté au feu les catéchismes, tous les catéchismes. C'est cette indépendance magnifique, ajoutons-nous, que voudraient réduire ou détruire les cléricalismes attristés et les religions sinistres. Je parle ici de l'autonomie de la personne, de la capacité qui est offerte aux hommes et aux femmes de s'émanciper des pesanteurs cléricales, villageoises, familiales, culturelles ; de s'affranchir des conformismes et des commandements du groupe ; de faire prévaloir cette extraordinaire autonomie du moi, historiquement conquise contre le holisme, lequel, sous ses divers aspects et sous tous les cieux, tendait à faire passer le

« tout » du collectif avant la « partie » que représente l'individu.

Cette souveraineté de la personne dont nous jouissons désormais dans le monde occidental est sans précédent dans l'Histoire. Pour certains, elle définit à elle seule la modernité héritée des Lumières. Ne plus avoir d'autre souverain que soi-même, ni Dieu ni maître, etc. Vue de l'extérieur, une telle liberté fascine et irrite tout à la fois les peuples qui n'en bénéficient pas encore. Elle inquiète du même coup ceux qui, angoissés par ce qu'ils appellent le « nihilisme occidental », adhèrent et défendent encore l'enfermement holiste le plus rigoureux. Ce n'est pas pour rien que l'individualisme est dans la ligne de mire des fondamentalistes de toutes obédiences.

Ma première stupeur fut de réaliser que cette prodigieuse souveraineté du « moi », auquel je n'ai pas envie de renoncer moi non plus, trouvait initialement sa source dans le message évangélique. Je citais plus haut Louis Dumont, qui fut un bon spécialiste de l'Inde et du système des castes. Or Dumont a écrit des textes saisissants sur les origines chrétiennes de l'individualisme. Leur lecture vers le milieu des années 1980 a été pour moi décisive[1]. Dumont, en somme, me mettait le nez sur une vérité tellement aveuglante que je ne la voyais pas. Par la suite, j'ai suivi cette idée à la trace chez d'autres auteurs. Je pense au philosophe canadien Charles Taylor qui, sur cette même question de la personne, a accompli une monumentale recherche, publiée sous le titre *Les Sources du moi*[2]. Pour Taylor la filiation chrétienne du « moi » moderne ne fait pas de doute. À ses yeux, la grande leçon cartésienne, le *Cogito ergo sum* (Je pense donc je suis), est une reformulation laïcisée du concept d'*intériorité*, qui est le grand apport de saint Augustin à la conscience occidentale. Descartes, communément désigné comme le fondateur de la réflexion rationnelle et individuelle, est donc *aussi* le continuateur d'Augustin. Je me souviens encore de mon excitation en lisant et en relisant les développements de Taylor.

Comme Louis Dumont, il me mettait sur une piste. Il m'aidait à oser comprendre pourquoi

1. Louis Dumont, *Essais sur l'individualisme. Une perspective anthropologique sur l'idéologie moderne*, Le Seuil-Esprit, 1983.

2. Charles Taylor, *Les Sources du moi*, Le Seuil, 1998.

cette conquête de l'autonomie individuelle, qui ne surgissait pas du néant, restait inintelligible sans les références judéo-chrétiennes. Je ne veux pas dire que ces dernières sont la *seule* source mais qu'elles en sont la principale. À cette assertion, on peut d'ailleurs apporter de façon négative sinon des preuves du moins quelques indices de pertinence. De façon négative ? La primauté de la personne, par exemple, est assez étrangère à la pensée grecque. Le grand sociologue Norbert Élias insiste sur cette impossibilité, pour la pensée antique, de se référer à un individu dépourvu de toute référence collective, un individu compris comme personne isolée ayant prééminence sur le groupe. En connaisseur de l'hindouisme et du bouddhisme, Louis Dumont montrait de son côté que, dans la tradition bouddhiste, les concepts de « non-soi » ou d'impermanence contredisent notre attachement au « moi » individuel qui semble d'ailleurs funeste aux sagesses orientales. Cette idée est tout aussi absente de la philosophie confucéenne. Si elle commence à faire son chemin dans la Chine moderne, c'est sous l'influence au moins indirecte du christianisme, par le truchement de la modernité. Et, plus récemment, du marxisme, cette brève hérésie chrétienne…

Mais cette majesté principielle du « moi », celui de la « personne », n'existe pas davantage dans l'islam. Dans son livre *Le Sujet en islam*[1], le musulman réformateur Malek Chebel explique que le concept même d'individu, de « sujet » indépendant de la Umma, la communauté des croyants, est étranger à la tradition islamique. C'est une idée que les musulmans réformateurs doivent conforter en se référant à la modernité occidentale. De la même façon, j'ai assez travaillé en Afrique noire pour savoir que, dans ces sociétés qui font (ou faisaient) prévaloir le lien social, familial ou clanique et s'organisaient autour du principe d'intersolidarité, le concept d'individualisme apparaît comme une valeur importée. À juste titre. Cela ne veut pas dire qu'il soit sans intérêt, bien au contraire ; il exerce une très forte attraction sur les nouvelles générations. C'est par ce biais que l'Afrique tout entière s'occidentalise peu à peu. Il n'empêche que cet individualisme-là vient « du dehors ». Il est absent des traditions animistes, par exemple.

Une fois encore, il faut dire et répéter que mettre en évidence cette archéologie lointainement biblique de la « souveraineté du moi » ne

1. Malek Chebel, *Le Sujet en islam*, Le Seuil, 2002.

signifie pas qu'on exonère les institutions religieuses, et notamment l'Église catholique, de ses dérives disciplinaires, de ses innombrables crispations qui l'ont trop souvent conduite à faire prévaloir — en contradiction avec son propre héritage — des logiques holistes. Chaque fois que l'Église a choisi de mettre en avant la défense du catholicisme en tant qu'institution ou qu'elle s'est occupée de sa propre survie, elle a privilégié le tout sur la partie, c'est-à-dire la contrainte du groupe sur la liberté individuelle. Pour nous en tenir à l'époque contemporaine, songeons aux calamiteuses dérives antidreyfusardes du XIXe siècle ou au silence précautionneux du pape Pie XII face au nazisme.

On doit pourtant reconnaître que l'Église n'a pas toujours agi ainsi. Elle a su parfois favoriser et même rendre possible cette « germination » de la personne, pour parler comme Benedetto Croce. On peut citer à titre d'illustration la progressive sacralisation du mariage, finalement classé parmi les sept sacrements par l'Église médiévale. Le tournant principal s'est produit en 1215, durant le IVe concile du Latran, le plus important de tout le Moyen Âge, qui réunissait plus de mille prélats. À l'époque, l'Église luttait pour faire triompher le libre consentement des époux contre la tradition qui faisait du mariage arrangé par les familles, du mariage forcé dirions-nous en 2007, une règle absolument contraignante. Fonder le mariage sur l'« union publique des consentements » des époux, y compris contre la volonté des familles, constituait un défi adressé à la pensée dominante. C'était favoriser une démarche que nous pourrions qualifier d'individualiste, et l'Église, sur ce point, se trouvait en désaccord avec la royauté. La logique des familles et du pouvoir temporel était clairement holiste ; celle de l'Église consacrait la prééminence du « moi » sur le « nous ». Écrivant cela, je n'exprime pas un point de vue complaisant ou historiquement farfelu. Je me réfère à l'interprétation de quelques grands médiévistes, parmi lesquels Georges Duby et Jacques Le Goff.

À ce stade, il faudrait rappeler comment la modernité a malheureusement contrefait, distordu, radicalisé à l'excès cette souveraineté originelle du « moi » en favorisant l'avènement d'un individu tellement ivre de lui-même qu'il ne se sent plus en dette avec la tradition ni même tributaire du lien, de la relation généalogique et sociétale qui a rendu possible son existence en tant que personne. Il resterait à montrer comment ce fantasme de l'individu autoconstruit, cet individualisme radical — par opposition au concept relationnel de « personne » —, se retourne aujourd'hui contre l'individu lui-même qui tend à devenir non plus autonome, mais orphelin et désemparé. J'ai beaucoup écrit sur ce thème. Je n'y reviendrai pas. Je me contente d'évoquer cet enracinement biblique du primat de l'autonomie individuelle, cœur incandescent de la modernité. Convenons que ce n'est pas un « détail »... Je n'ai aucune honte à écrire aujourd'hui, vingt ans après, que devant cette redécouverte, je fus autant remué qu'un orpailleur qui serait tombé sur une pépite.

*

L'autre exemple qui vient aussitôt à l'esprit, l'autre conviction, qui triomphe elle aussi — au moins en paroles — dans nos sociétés, c'est l'aspiration égalitaire. Même si nous critiquons l'égalitarisme idéologique du XXe siècle, nous sommes dorénavant convaincus que les hommes sont égaux en droit. Et nous avons raison. Depuis le XVIIIe siècle toutes nos Déclarations solennelles, toutes nos Constitutions politiques, tous nos codes le martèlent. En France, nous l'avons gravé au fronton de nos mairies. L'Homme est partout semblable à l'Homme, disons-nous. À bon escient, nous continuons de lutter pour que soit reconnue l'égalité de droits entre tous les humains de la Terre. La défense des droits de l'homme n'est-elle pas le premier message que la modernité démocratique entend diffuser — non sans arrogance parfois — sur la planète ? Cela n'empêche certes pas nos sociétés occidentales d'attenter elles-mêmes, et souvent, à ce beau principe, en trahissant le précepte civilisateur qu'elles mettent solennellement en avant. (Faisant cela, elles agissent comme le faisait l'Église catholique quand elle trahissait, par son action temporelle, le message évangélique.) Peu importe. Aujourd'hui, les trahisons occidentales du postulat d'égalité n'entament en rien notre adhésion de principe. Nous croyons fondamentalement que les hommes sont égaux.

Reste à se demander d'où nous vient une telle certitude.

C'est une idée qui n'existait pas vraiment dans la pensée grecque, notamment chez Aristote. Les Grecs ne pensaient pas que les hommes appartenaient tous à la même « essence ». L'idée d'une commune humanité, d'une « espèce humaine », pour reprendre l'expression de Robert Antelme, leur était étrangère. Pour eux, le citoyen et le « barbare » n'avaient pas la même identité humaine. Ils n'appartenaient quasiment pas à la même catégorie de vivants. Je ne peux m'empêcher de reprendre ici quelques lignes du philosophe François Châtelet dont la lecture, à l'époque, me fut précieuse. « Si les citoyens grecs peuvent être les actionnaires d'une société anonyme appelée "cité", écrivait-il, c'est parce qu'il y a un travail productif, fourni par des êtres qui ne sont pas considérés par les Grecs, dans leur immense majorité, comme des hommes. Aristote, à cet égard, nous paraît extrêmement choquant quand il prononce des phrases du style : "Les barbares n'ont de l'homme que les pieds." Il veut dire qu'ils n'ont simplement que la forme humaine, mais pas l'essence de l'homme [1]. »

Dans l'émergence de cette idée — très subversive, elle aussi ! — d'une égalité de nature et de droits entre tous les êtres humains, il est clair que le monothéisme a joué un rôle important. Il est à noter que, sous cet angle, l'islam fait partie de l'Occident. Sous le regard d'un Dieu unique, toutes les créatures humaines sont sur le même

1. François Châtelet, *Une histoire de la raison*, Le Seuil, « Points Sciences », 1992.

pied. Certains textes spécifiquement chrétiens, comme l'Épître aux Galates de Paul, ont exercé une influence historique plus décisive encore. Je me souviens en avoir pris une meilleure conscience en m'intéressant à la très célèbre controverse de Valladolid. Concernant cette question de l'égalité, tout s'y trouve en quelque sorte résumé : subversion évangélique et ambiguïtés mortelles d'une religion d'État, égalitarisme biblique et rémanence du naturalisme grec, européanisation du monde et conquête coloniale.

Cet épisode, à bien y réfléchir, est si extraordinaire que je crois utile d'en rappeler très rapidement les circonstances. Le discours contemporain a pris l'habitude de l'évoquer sur le ton de la moquerie. Vous vous rendez compte, dit-on, ces gens — sous-entendu ces gens d'Église — n'étaient même pas certains que les Indiens du Nouveau Monde étaient des humains ! La moquerie contient une « charge » implicite contre le christianisme, ce qui est proprement extraordinaire puisque c'est la conclusion exactement inverse qu'il faut tirer de la controverse.

Quels sont les faits ?

Entre août 1550 et avril 1551, dans la chapelle du couvent dominicain de San Gregorio, à

Valladolid en Espagne, ladite controverse fut organisée comme une sorte de match rhétorique et théologique à la demande de Charles Quint. Ce dernier cherchait à définir quelle était la « juste » politique à l'égard des Indiens de ce Nouveau Monde espagnol découvert un demi-siècle auparavant. Plus concrètement, ce qui est en jeu, à l'époque, c'est le régime futur de ce qu'on appelle l'*encomienda* ou *repartimentio*, premier en date des systèmes coloniaux. En fonction de l'*encomendia*, appliqué depuis la conquête du Mexique, des contingents d'Indiens se voient placés sous la juridiction d'un colon blanc, chargé de les évangéliser. À charge pour lui de profiter, en retour, du travail indigène sous forme de servitudes et tributs divers. On devine les abus... Or, voilà des années que la dureté meurtrière de ce régime de conquête a été mise en question, voire ouvertement condamnée par certains religieux, parmi lesquels les franciscains, arrivés au Mexique dès 1519 et les dominicains, de plus en plus critiques (depuis 1510) à l'égard des rapines, des brutalités et des conversions forcées, imposées sans ménagement par la soldatesque espagnole.

Sous l'influence de ces critiques répétées, et compte tenu des hécatombes inimaginables frappant les Indigènes, le système sera progressivement adouci. En 1542, Charles Quint concédera les fameuses *Leyes nuevas* (lois nouvelles). L'esclavage sera en principe proscrit, l'achat de terres indiennes par les colons interdit. Quant au dur système de l'*encomendia*, il sera remplacé, chaque fois que possible, par celui des *reducciones*, contrôlé par les missions. Ces « réductions » permettent de sauvegarder la vie des communautés indiennes tout en développant une agriculture à l'européenne. Hélas, ni les violences, ni les spoliations, ni même l'esclavage ne cesseront véritablement. Les colons irréductibles, sur lesquels compte la couronne pour bâtir le nouvel empire, s'opposent aux « états d'âme », dirait-on aujourd'hui, de ces hommes d'Église, peu familiers des affaires d'État. Or, la royauté très catholique cherche à fixer une doctrine cohérente et théologiquement acceptable quant aux rapports avec les « sauvages ». C'est dans ce but qu'est organisée la « dispute » philosophique de Valladolid. La prodigieuse importance historique de cet épisode ne tient pas seulement à la matière du débat. Elle doit aussi — et même beaucoup — à la personnalité hors du commun des deux orateurs qui vont longuement s'y affronter.

Du côté de la raison d'État et, disons, d'une défense en bonne et due forme de la politique coloniale, le flambeau sera tenu par Juan Ginès de Sepúlveda. Historiographe de Charles Quint et bientôt précepteur du futur Philippe II, il est passionné par la conquête du Nouveau Monde dont il écrira d'ailleurs l'histoire. De ce point de vue, on peut le considérer comme l'un des premiers théoriciens du colonialisme. Mais Sepúlveda est aussi un ardent disciple d'Aristote. Il a traduit les œuvres de ce dernier et notamment la *Politique*. Le détail a son importance. Sépúlveda est rigoureusement fidèle à la vision du monde — très inégalitaire — d'Aristote qui est, trop souvent hélas, celle des monarchies catholiques d'Europe, infidèles, en cela, à leur propre foi catholique. Parmi elles, bien entendu, il faut mentionner au premier chef Isabelle la Catholique (1474-1504) qui, en Espagne, s'est illustrée par l'Expulsion des juifs du royaume et par une raideur « raciste » bien peu évangélique.

À Valladolid, l'adversaire de Sepúlveda, lui, est en parfait accord avec le message évangélique originel, dans ce qu'il a de plus magnifiquement contestataire, au regard de la pensée aristotélicienne. C'est un dominicain flamboyant et subitement révolté par l'injustice coloniale à laquelle il avait d'abord consenti : Bartolomé de Las Casas. Né à Séville dans une famille de marchands, Las Casas a d'abord été, dans sa jeunesse, un colon comme les autres, bénéficiaire impavide de l'*encomendia* à Hispaniola (Haïti) où il est allé chercher fortune dès 1502, puis à Cuba, avec cette fois le statut de prêtre. Longtemps insensible aux dénonciations des dominicains locaux, il a vécu une « conversion » fulgurante en préparant un sermon pour la Pentecôte 1514. Voilà que le sort de sous-hommes réservé aux Indiens lui fait horreur. Il est rétrospectivement effaré par sa propre complaisance et sa propre avidité conquérante. Sans doute se souvient-il, à ce moment-là, des textes bibliques, ceux de Paul entre autres. Pour Las Casas, en tout cas, cela ne fait plus aucun doute : les Indiens sont bel et bien des humains à part entière. Ils ont une âme. Ils sont nos égaux sous le regard de Dieu. C'est cet homme, littéralement illuminé par sa redécouverte du message fondateur, qui, pour employer un vocabulaire moderne, va devenir l'un des tout premiers « militants de l'anticolonialisme ».

À Valladolid, c'est peu de dire que l'affrontement entre les deux hommes est de qualité. En réalité, leur controverse synthétise, par anticipation, plusieurs siècles de querelles idéologiques, non seulement à propos de la colonisation mais de ce que nous nommons aujourd'hui le racisme. La spécificité égalitaire du texte évangélique s'y trouve mise en évidence, mais tout autant les tergiversations, compromissions, atermoiements de l'Église officielle. En effet, entre d'un côté le défenseur de la raison d'État et de la « civilisation » européenne (Sepúlveda) et, de l'autre, l'irréductible témoin du Christ (Las Casas), ni l'Église ni la monarchie ne choisiront vraiment. On reprochera même, plus tard, à Las Casas, dans une Espagne reprise en main, d'avoir calomnié sa patrie.

Presque seul, pourtant, et contre les puissants de l'Église, il disait le « vrai » de l'Évangile [1].

---

1. Une ombre sinistre gâte malgré tout l'engagement de Las Casas. Dans sa défense des « sauvages », il évoquait les Indiens mais excluait les Noirs de son plaidoyer. Pire encore, dans le souci d'épargner les Indiens d'Amérique latine, il alla jusqu'à encourager la traite en provenance d'Afrique. Certes, il ne fut pas l'initiateur de celle-ci (la traite était déjà une pratique ancienne) mais bel et bien son défenseur. À ce titre, Las Casas fut parfois considéré comme l'un des premiers théoriciens de l'esclavage. Un esclavage sélectif, dont les Noirs firent les frais. À sa décharge, Las Casas réalisa lui-même, vers la fin de sa vie, la gravité de son propre aveuglement. Dès lors, il n'aura

*

Je rappelle ces filiations de manière très sommaire. Je pourrais évoquer quantité d'autres convictions qui nous paraissent aujourd'hui aller de soi mais qui se rattachent peu ou prou à la référence biblique. Par exemple le concept d'universalité, c'est-à-dire l'idée selon laquelle il existe des valeurs qui valent pour tous les hommes de la Terre. Bien sûr, dans le vaste monde, cohabitent des anthropologies et des cultures différentes qu'il faut défendre et respecter. Elles participent de cette chatoyante diversité du monde. Il n'empêche ! Au-delà de cette diversité prévaut — ou doit prévaloir — un viatique de valeurs communes, un territoire de rencontre. Oublier cela revient à céder à ce qu'on appelait jadis le « primitivisme », et qui n'est pas sans rapport avec la démagogie tiers-mondiste des années 1970, une démagogie « relativiste » (comme on l'appelle désormais) qu'on revit

---

de cesse de se repentir pour ses erreurs passées. Son cas, en définitive, illustre mieux qu'aucun autre la profondeur et la force du préjugé raciste dans l'Europe de la Renaissance et la puissance subversive de l'Évangile.

aujourd'hui au travers du communautarisme. En fait, cet universalisme en péril et ce monde commun qui est d'ailleurs contenu dans le mot *catholique*, on a trop oublié ce qu'ils devaient au christianisme en général et à saint Paul en particulier.

Même chose pour l'idée d'*espérance*, le « principe espérance » pour reprendre la formule du philosophe marxiste Ernst Bloch, et sur laquelle je veux m'attarder un peu, tant je la tiens pour capitale. J'en donne ici une interprétation plus politique et anthropologique que théologique. L'espérance c'est la reformulation chrétienne, puis laïque, du messianisme juif. Et qu'est-ce que le messianisme juif ? C'est cette parole inimaginable, dérangeante, radicale qui a jailli dans le monde cinq siècles avant Jésus-Christ, rompant spectaculairement avec l'immémoriale tradition grecque du temps circulaire, de la tragédie, de la répétition, de l'éternel retour.

Pour les Grecs, la circularité du temps excluait évidemment toute idée d'espérance, ou même de « projet » historique, dans l'acception moderne du terme. Si le temps est circulaire, alors la volonté de changer le monde n'a aucun sens puisqu'on sait par avance que cette volonté se fracassera sur l'inéluctabilité du *destin*. Dans l'optique de l'éternel retour qui affirme que ce qui a été reviendra et ce indéfiniment, la seule sagesse imaginable est contemplative. Elle réside dans l'accommodement, dans le retrait. Elle consiste à consentir paisiblement au réel et au destin, thèmes que Nietzsche reprendra en célébrant l'*amor fati* (l'amour du destin). Ce consentement peut choisir la voie héroïque du stoïcisme ou celle plus douce de l'hédonisme. Dans les deux cas, elle est une acceptation de l'inéluctable. L'essence de la tragédie grecque, ce qui la définit, c'est que les choses y sont écrites d'avance. Nul être humain n'échappe à son destin, de même qu'aucun astre ne peut échapper aux lois du cosmos qui fixent sa trajectoire pour l'éternité.

Au regard de cette cosmogonie impérative, le prophétisme juif est superbement scandaleux. Il proclame : le temps n'est pas circulaire, il est droit ; autrement dit, l'histoire humaine est *enracinée dans une mémoire et orientée vers un projet.* L'an prochain à Jérusalem... La métaphore a aussi cette signification. Le peuple juif est dans l'attente ; il est en chemin ; il a le futur comme horizon. Le temps va quelque part, comme l'écrit Emmanuel Lévinas. Le judaïsme est donc en rébellion contre l'idée d'un destin qui serait fixé d'avance et auquel les hommes seraient assignés. La parole prophétique contient en elle-même un volontarisme collectif dont le peuple juif se sent dépositaire. C'est ce qu'exprime cette phrase du Talmud : « Il n'y a pas de destin pour Israël. » Elle signifie que, pour Israël, il n'y a d'autre destin que *décidé et construit*. Un futur héroïquement attendu et choisi constitue l'horizon. L'idée est rappelée par cette injonction du Pentateuque (quatrième commandement sur le jour du shabbat), que certains talmudistes interprètent de la manière suivante : « Souviens-toi du futur ! »

Il me semble que « se souvenir du futur », ce n'est pas seulement l'attendre, c'est aussi hâter et organiser son avènement. Cela implique une responsabilité particulière inséparable de l'idée d'*élection*. Les hommes sont coresponsables du futur, c'est-à-dire qu'ils ont en charge l'achèvement et l'amélioration du monde.

L'espérance chrétienne s'appuie sur une reformulation du messianisme juif, une réappropriation volontaire de cette coresponsabilité du monde, que les hommes partagent avec Dieu ou qu'ils exercent par délégation. Nous sommes en cela les héritiers directs du judaïsme. Du moins est-ce ainsi que, à titre personnel, j'ai ressenti les choses lorsque j'ai fait mienne cette interprétation. Je m'en suis trouvé profondément changé. De ce point de vue, je me suis senti et je me sens encore bien plus « juif » que je ne le supposais. Depuis lors, quand je parle du « principe espérance », j'évoque très consciemment la part juive que je porte en moi. Je la défends obstinément, y compris, parfois, devant des publics chrétiens qui paraissent ne pas toujours comprendre pourquoi je tiens tant à « judaïser », comme on disait jadis.

Quant à l'idée moderne de *progrès*, que nous devons aux philosophes des Lumières et notamment à Condorcet, elle apparaît comme une traduction laïque de l'espérance chrétienne à travers quantité d'emboîtements successifs, qui passent par les mouvements millénaristes, l'héritage de Joachim de Flore, etc. Des auteurs comme John Locke (1632-1704), en évoquant cette *inquiétude* qui, sans cesse, nous déloge du présent pour nous porter vers l'avenir, ont contribué à la laïcisation moderne de l'idée de progrès. Messianisme juif, espérance chrétienne, progrès des Lumières : je ne peux m'empêcher de voir là une filiation qui définit l'histoire occidentale tout entière. Elle signifie que nous demeurons responsables du devenir du monde, qu'« un autre monde est possible », comme disent aujourd'hui les altermondialistes. C'est en pensant à Max Weber et à sa formule, « la politique c'est le goût de l'avenir », que j'ai titré un de mes livres, *Le Goût de l'avenir*. Weber nous rappelle que, pour qu'une démocratie moderne fonctionne, il faut que chacun de ses membres ait la conviction qu'il construit l'avenir, qu'une bonne part de l'avenir est notre œuvre de citoyens, que nous en sommes les artisans.

Ce volontarisme, repris par Hegel, a servi de fondement aux philosophies de l'Histoire et a été dévoyé par elles, comme on le sait. L'impatience idéologique du marxisme, son indifférence à l'égard des « moyens » qui, même criminels, se voient justifiés au nom d'une « fin » radieuse : ainsi se définit la contrefaçon meurtrière du message judéo-chrétien. Mais la contrefaçon n'enlève rien à la pertinence de la proclamation originelle. Cette dernière nous invite, comme il est dit dans le livre des Psaumes, à ne pas accepter le monde tel qu'il est, à refuser d'abandonner l'Histoire humaine aux fatalités de la méchanceté, c'est-à-dire au triomphe des forts contre les faibles, des riches contre les pauvres. Nous sommes *engagés* dans le monde, dans la cité terrestre.

Or, ce goût de l'avenir qui fonde la démocratie est aujourd'hui en panne. Il vacille à mesure que la temporalité moderne se rétracte sur le seul présent, sur l'immédiateté boulimique. Dans le discours dominant, le goût de l'avenir et le volontarisme politique suscitent des sarcasmes et des moqueries. Nous sommes en deuil de l'espérance et du « progrès ». C'est donc bien le *goût* wébérien de l'avenir qu'il s'agit de ressusciter, de revitaliser, si nous voulons échapper à cette forme particulière d'exténuation historique qui accable la vieille Europe. Pour sortir de ce deuil-là, un ressourcement aux origines juive et chrétienne de la modernité ne me paraît plus une démarche tout à fait vaine. C'est le sentiment d'une nécessité refondatrice qui m'a d'abord ramené vers la « trace » judéo-chrétienne.

Le mot de « trace » me convient tout à fait. En préparant *La Refondation du monde*, j'avais l'impression presque physique de remonter peu à peu nos traces, un peu comme on cherche, dans la neige ou sur le sable, des empreintes à moitié effacées. Je progressais, non sans difficultés ni détours compliqués, vers ce qui m'apparaissait comme l'une de nos *sources*. Dans mon esprit le fait de reconnaître — au sens topographique du terme — cet itinéraire n'impliquait aucune idée de conversion ou de reconversion. Nous, Occidentaux, *venions* de là, en effet ; de la confluence gréco-judéo-chrétienne, mais nous étions devenus *autres*. Notre valorisation de l'avenir qu'il fallait revivifier, notre confiance minimale dans le *progrès* dont il fallait retrouver l'énergie, ne se ramenaient plus au seul prophétisme juif ou à l'espérance chrétienne. Elles s'étaient enrichies d'autres apports historiques, notamment ceux des philosophes européens des XVIIIe et XIXe siècles.

Il n'empêche, c'est bien là-bas que nous reconduisait la « trace »…

*

Le dernier exemple que j'ai envie d'évoquer concerne notre rapport à la science. Comme la plupart des gens de ma génération, j'ai longtemps cru que le religieux en général et le judéo-christianisme en particulier étaient dans un rapport d'adversité avec la science, et même la simple rationalité. Je n'étais pas loin de reprendre à mon compte cette opposition binaire, dualiste, si je puis dire, entre Dieu et la science, entre croire et savoir. Et, comme tout le monde, je gardais en tête quelques choix historiques désastreux — voire criminels — faits par l'Église catholique : la condamnation de Galilée en 1633, celle de Giordano Bruno, brûlé vif en 1600 sur le Campo dei Fiori à Rome, pour ne citer que ces deux-là. À mes yeux, les progrès de la connaissance scientifique, comme ceux de la liberté individuelle, n'avaient été rendus possibles que par le truchement d'une opposition résolue et un rejet de l'« obscurantisme religieux ».

C'est peu à peu, au fil de mon travail, que cette certitude s'est défaite dans mon esprit. La lecture de plusieurs philosophes des sciences, voire de certains scientifiques, m'a aidé à comprendre que les choses n'étaient pas si simples. Bien sûr, les affaires Giordano Bruno ou Galilée sont bel et bien des catastrophes criminelles, et les repentances (tardives) de l'Église au sujet de Galilée sont justifiées. Il est à noter que l'Église ne s'est jamais excusée d'avoir condamné Bruno. Mais comment ne pas se souvenir, dans le même temps, que les jésuites ont été parmi les plus audacieux et les meilleurs astronomes ; que la plupart des expériences astronomiques se déroulaient dans les Églises ; qu'à toutes les époques, et jusqu'à aujourd'hui, certains prélats ont été de grands scientifiques ; que des innovateurs radicaux comme Newton se passionnaient tout autant pour la théologie, etc.

Pour dire les choses autrement, force est de reconnaître que cette opposition frontale, sans merci, entre le scientifique et le religieux est une façon toute récente de présenter les choses. Un auteur comme le physicien Jean-Marc Lévy-Leblond, qui dirige au Seuil la collection « Science ouverte », a été un précieux guide dans mes avancées prudentes mais enthousiastes sur le terrain de l'épistémologie ou celui de l'histoire des sciences.

Certes, l'articulation entre la science et la religion, entre le savoir et le croire n'est pas une question simple. Elle l'est d'autant moins qu'on voit de nouveau s'opposer, comme au XIXe siècle, un discours technoscientifique « totalisant » et un fondamentalisme religieux qui, lui, s'accommode volontiers d'une éviction de la raison. Je pense aux délires créationnistes anglo-saxons ou, à l'inverse, aux résurgences d'un « concordisme » démonstratif qui m'apparaît quant à lui comme un visage inversé de l'erreur. Nous sommes bel et bien, nous Occidentaux, les héritiers de la Bible *et* d'Athènes. Les deux furent et demeurent conjoints. Nous nous sommes construits dans cette tension perpétuellement reconduite et réinterrogée entre le croire et le savoir, la foi et la raison.

Ce n'est pas tout. Dans les polémiques appauvries d'aujourd'hui, il est devenu scandaleux d'évoquer un « détail » à propos duquel nombre de philosophes, d'anthropologues ou d'historiens peuvent s'accorder : le monothéisme a *aussi* favorisé l'émergence de la science expérimentale. C'est ce qu'on appelle l'« étincelle théologique ». Que veut dire cette formule ? Qu'en se référant à l'idée d'un Dieu unique projeté hors du monde, le monothéisme a désacralisé le monde d'ici-bas et l'a ouvert à l'expérimentation scientifique. Il n'y avait pas de science appliquée, et encore moins de « technique » au sens moderne du terme chez les Grecs. Ce n'est pas sans rapport avec le polythéisme ou le panthéisme. Si, en adhérant à la mythologie antique, vous pensez que les profondeurs sous-marines sont habitées par des naïades, que les sous-sols de la Terre sont le domaine sacré de Vulcain, si vous croyez que mille et une divinités peuplent le monde sensible, vous aurez du mal à objectiver le réel pour en faire matière à science et à expérience. Il existe des textes assez troublants sur ce concept d'étincelle théologique. Même si une telle assertion passe pour une provocation aux yeux des chercheurs les plus ardemment athées, l'idée selon laquelle le monothéisme, notamment judéo-chrétien ou islamique, a quelque chose à voir avec la naissance de la science moderne ne me paraît plus déraisonnable.

*

Je pourrais poursuivre cette énumération et montrer comment une simple mais minutieuse enquête sur la genèse de la modernité a fini par dessiner ce que j'appelle dorénavant mon *premier cercle*. La question que j'étais amené à me poser était celle-ci : ces convictions fondatrices de la modernité, et dont la source gît pour une bonne part dans les Écritures (et Athènes), sont laïcisées depuis longtemps. Nul, sauf les tenants de l'intégrisme, ne songe à les rechristianiser ou à les rejudaïser, ce qui reviendrait à « effacer » le travail des Lumières dont nous sommes les héritiers. En revanche, les menaces qui planent aujourd'hui sur chacune de ces valeurs (notamment l'égalité) peuvent-elles être vraiment conjurées sans un retour interrogatif vers leurs sources, sans un rapatriement de la mémoire ? Bien sûr que non. Un effort d'anamnèse s'impose.

C'est en ces termes que je définissais mon entrée dans le *premier cercle*. Qu'il y ait une part de naïveté dans cet aveu ne me gêne pas. Je décris le chemin tel que je l'ai parcouru. Reste que ce cercle, j'en suis conscient, est encore très périphérique au regard de l'essence du christianisme. Il est éloigné de la vraie foi. Le christianisme, c'est autre chose qu'une simple collection de « valeurs » humanistes. Avoir la foi, ce n'est pas adhérer simplement à un catalogue de principes normatifs, qui serait comparable au programme d'un parti politique. Oublier cela, ce serait confondre la « religiosité » avec la croyance.

Deuxième cercle

La subversion évangélique

J'en viens maintenant au deuxième cercle. Il se rapproche un peu plus du « feu sacré » où brûle la foi. D'un simple point de vue anthropologique, ce cercle me paraît plus fondamental. Je dois d'en avoir pris conscience — au point d'en être littéralement tourmenté — à des gens auxquels me lie une dette de sens. Certains d'entre eux ont été comme ces guides de haute montagne qui vous amènent jusqu'au camp de base et vous laissent le choix de poursuivre ou non l'ascension. Comme je l'ai dit, j'ai été l'élève de Jacques Ellul, avant de devenir, vingt ans après, son éditeur. Je me souviens de notre travail en commun, ligne à ligne, sur le manuscrit d'un de ses livres — le plus magnifique à mes yeux — que nous avions justement choisi de titrer *La Subversion du christianisme*. C'est un texte de feu et de fureur, un libelle très protestant, à la limite de l'anarchisme. Ellul cherche à montrer à quel point le « ferment évangélique » fut et demeure à l'œuvre dans la modernité. J'avais été frappé non seulement par la force de ces pages mais aussi par ce que j'appellerai leur *probité*. Du moins est-ce ainsi que je le perçois aujourd'hui encore. C'est une analyse qui, dans le fond, n'est pas très éloignée de la théologie catholique de la libération. À mes yeux, elle se réfère même implicitement à cette figure singulière que certains ont appelée le « Christ des barricades [1] ».

J'ai été également influencé par le phénoménologue Michel Henry dont certaines analyses ont ébranlé mon indifférence initiale. Je pense à des ouvrages comme *C'est moi la Vérité* ou *L'Incarnation* et surtout à son dernier texte, publié quelques semaines après sa mort : *Paroles du Christ*. Comment dire ? Ces deux cents pages, de prime abord très austères, m'ont littéralement bouleversé.

Vers la fin des années 1970, j'avais déjà été bousculé dans mes préjugés agnostiques par le livre de Maurice Bellet, texte écrit après un long

1. Franck Paul Bowman, *Le Christ des barricades*, Le Cerf, 1987.

détour de l'auteur par la psychanalyse : *Le Dieu pervers*. La violence quasi anticléricale de ce titre et la lucidité sans concession de ces chapitres — pourtant rédigés par un prêtre — en remontreraient aux athées provocateurs d'aujourd'hui. Bellet s'en prenait, pour reprendre ses propres formules, à ce Dieu qu'on finit par détester dans son for intérieur, mais sans oser se l'avouer à soi-même. « Si on a la grâce de ne pas se sentir emporté, ajoute-t-il, on finit par s'apercevoir que [ce Dieu] n'a rien à voir avec celui du Christ. C'est un Dieu cruel et qui ment puisqu'il dit : Voyez comme je vous aime, je vous donne même mon fils ! Vous êtes donc obligés de m'aimer. C'est le Dieu pervers[1]. »

Pour mon entrée progressive dans ce deuxième cercle, celui de la subversion chrétienne, j'ai aussi une dette — immense — envers René Girard. Cette dette-là, je n'ai aucune envie de la nier, même s'il n'est ni convenable ni même « sérieux », dans les milieux philosophiques (même chrétiens !), de citer Girard. Cet interdit, ce désaveu politiquement correct, me rappelle celui qui frappait Albert Camus, « philosophe

1. Interview par Isabelle Francq, *La Vie*, 2 novembre 2006, p. 67.

pour classes terminales[1] », quand j'étais lycéen. Aujourd'hui, la postérité a réhabilité Camus et lui donne plutôt raison contre Sartre, notamment dans sa perception du totalitarisme communiste, telle qu'il l'exprimait dans *L'Homme révolté*, publié en 1951. Je suis convaincu que, un jour ou l'autre, il en sera de même pour Girard, anthropologue et philosophe autodidacte, comme il se définit lui-même, et que ni les professionnels de la philosophie ni ceux de la théologie n'ont pris au sérieux.

Son interprétation anthropologique — et très rationaliste, au fond — du christianisme m'a immédiatement séduit, même si quelque chose en moi résistait. (Et résiste encore.) La cohérence des analyses girardiennes est si troublante qu'elles s'apparentent à une philosophie du soupçon, mais inversée. On se sent aspiré par la mécanique de leurs enchaînements et vient un moment où l'esprit se cabre. Et pourtant… Sauf à tenir Girard pour un fou ou un imposteur de génie, après l'avoir lu, on ne peut plus lire le message évangélique de la même façon. Girard

1. Je reprends ici le titre du livre de Jean-Jacques Brochier, *Camus, philosophe pour classes terminales*, publié en 1970 et réédité en 2002 aux éditions de La Différence.

est aujourd'hui académicien mais son œuvre est une bombe à retardement. Cette bombe explosera un jour. Il faut s'y préparer.

*

Ces rencontres et quelques autres m'ont aidé à comprendre, mais de manière assez candide, comme un enfant qui réapprend l'évidence, que le texte évangélique avait *fendu en deux l'histoire du monde*. Quoi qu'on pense, il y aura eu un avant et un après dans l'histoire humaine. Je veux dire par là que le message christique contient un principe de déconstruction, de subversion qui chemine depuis deux mille ans dans nos sociétés. C'est un de mes points de divergence radicale avec Régis Debray. J'en suis convaincu maintenant, ce message-là n'est pas la répétition, la reprise à peine changée, de préceptes venus du Talmud, du code babylonien ou d'ailleurs. Autrement dit, ce n'est pas une religion « de plus », un message spirituel qui s'ajouterait aux autres, sans rien apporter de neuf. Même si, dans son déroulé sacrificiel, dans sa structure et son rituel, le christianisme ressemble aux autres religions de la Terre, y compris au religieux mythologique, il s'en distingue radicalement. Il introduit une rupture définitive.

Pour prendre un exemple, le thème — et la pratique — du sacrifice qui sont présents dans le christianisme semblent rattacher celui-ci au religieux traditionnel, voire aux mythologies archaïques qu'étudient les ethnologues. Mort, sacrifice, résurrection : on trouve des dispositifs comparables dans la plupart des mythologies humaines, y compris chez les Grecs. Mais j'ai cru comprendre, en lisant Jacques Ellul, René Girard ou même Nietzsche, que le christianisme avait tout *dérangé* dans l'histoire du monde, en inversant le sens du sacrifice, en dissipant la *méconnaissance* sur laquelle son efficacité repose, au point de l'abolir. C'est en cela qu'il est, pour reprendre Marcel Gauchet, une « religion de la sortie du religieux ».

C'est bien une révélation *différente* qui surgit avec le Christ et travaille à déconstruire le religieux archaïque en proclamant l'innocence des victimes et l'imposture de la persécution sacrificielle. Cette remarque éclaire, me semble-t-il, la phrase attribuée à saint Paul dans les Actes des apôtres. Paul parle aux philosophes grecs et leur reproche d'être très religieux au sens ancien du terme, mais dans le contexte il dit « trop religieux ». Quand il énumère les nombreux dieux et temples présents à Athènes, on voit bien qu'affleure dans son propos une manière d'ironie. Réfléchit-on assez à cet étrange paradoxe qui voit Paul, l'évangélisateur des païens, pérégriner ainsi en Grèce et y constatant un « trop » de religieux ? La signification est assez claire. Pour Paul, le message évangélique — la « folie » de la Croix — diffère radicalement de ces religions anciennes et vient les ruiner. On n'est pas là dans une logique de « part de marché », pour parler le patois économiste d'aujourd'hui. La folie de la Croix ne marque pas l'arrivée d'une foi concurrente dont Paul vanterait simplement les mérites en la comparant aux cultes déjà présents. Elle est véritablement *autre*. Elle opère un renversement si radical qu'elle vaut, dans l'esprit des premiers chrétiens, pour tous les hommes de la Terre, toutes les cultures humaines, toutes les *nations*.

*

Qu'y a-t-il d'extraordinaire dans le message évangélique ? Pourquoi est-il *autre* ? C'est qu'il inverse les perspectives. Dans les religions anciennes comme dans la mythologie grecque, le récit du sacrifice exprime toujours le point de vue des sacrificateurs. Ils affirment que la victime sacrifiée était effectivement coupable. Dans la tragédie grecque, Œdipe est coupable. Dans toutes les mythologies, ceux qui sont sacrifiés par la foule, condamnés à mort ou immolés dans la fureur des lapidations sont présentés comme effectivement coupables de vrais crimes, alors même qu'ils sont désignés par ce que Girard appelle l'*unanimité persécutrice*. Leur culpabilité est imaginaire mais chaque persécuteur, pris dans l'illusion collective, dans le mouvement de foule, est persuadé qu'elle est bien réelle. Sans cette conviction *unanime*, le sacrifice ne pourrait produire les effets pacificateurs qu'on attend de lui. Le mimétisme, dans cette affaire, nous rappelle certains phénomènes médiatiques que nous vivons aujourd'hui, et auxquels il nous arrive même de collaborer en toute « innocence ».

Je pense à ces hommes ou ces femmes soupçonnés d'un crime et que les médias télévisuels, dans leur hâte vengeresse, présentent à la foule menottés et encadrés par des gendarmes. Alors même que l'instruction n'a pas commencé, que l'enquête n'est pas achevée, nous sommes instantanément et intimement convaincus de leur culpabilité. Un puissant vertige nous saisit et nous y cédons aussitôt en constatant qu'autour de nous, les autres, tous les autres, en sont pareillement saisis. Même si on rappelle, pour la forme, la présomption d'innocence, cette exhibition médiatique correspond de facto à une lapidation. Et tous les sacrificateurs — vous et moi ! — s'y adonnent avec une parfaite bonne conscience puisque la (fausse) certitude de la culpabilité est unanimement partagée. Ici, on est exactement dans le même dispositif que dans les mythes sacrificiels.

Or, avec le christianisme, ce discours des accusateurs est subitement retourné comme un doigt de gant, l'accusation est démasquée, c'est-à-dire ramenée à sa fausseté. Le sacrifice de la Croix a bien lieu, tous s'y rallient — même certains des plus proches compagnons comme Pierre —, mais l'épisode de la *résurrection* vient ruiner le sens même du sacrifice, l'anéantir. Des témoins ont « constaté » la résurrection, c'est-à-dire l'extraordinaire démenti apporté à l'unanimité persécutrice. Elle suffit à désintégrer cette dernière. C'est cette parole *incroyable*, cette *révélation* qui, à travers l'exemple du Christ, dessille en quelque sorte notre regard et réveille notre entendement. Elle nous permet de comprendre que, comme le Christ crucifié, les victimes du sacrifice, toutes les victimes accusées par toutes les cultures humaines, étaient innocentes, et que l'unanimité des lyncheurs n'était qu'un produit de l'aveuglement mimétique.

Girard va jusqu'à faire de cet aveuglement une métaphore de celui que nous appelons « Satan » (l'*accusateur*, selon l'étymologie grecque). Il y a donc cette subversion inimaginable du biblique qui ruine à tout jamais le discours des persécuteurs, celui des « puissances », des « principautés », c'est-à-dire de Satan. La résurrection signifie d'abord cela. Elle est cette extravagante *objection* qui vient enrayer la mécanique du sacrifice sur laquelle se fondent les cultures humaines. C'est bien pour cela que le *consentement* à la résurrection est le cœur incandescent de la foi chrétienne. On pourrait même dire qu'il la définit. C'est elle qui confère au message évangélique sa puissance subversive. La déconstruction qu'elle met en marche n'a cessé de cheminer à travers les siècles et elle chemine encore aujourd'hui en nous apprenant peu à peu à *lire* la vérité effective sous les travestissements mythiques et culturels.

Quand il nous arrive d'être étonnés, puis scandalisés — à juste titre — par ces lynchages ou ces lapidations médiatiques que j'évoquais plus haut, nous ne cherchons pas à comprendre pourquoi nous réagissons ainsi. Ou, plutôt, *nous oublions de nous interroger sur notre propre étonnement.* Ce dernier vient du fait que les sociétés dans lesquelles nous vivons ont intériorisé depuis longtemps la révélation évangélique, y compris par ceux qui croient la combattre. Elles sont toujours capables, certes, de commettre des meurtres collectifs mais l'unanimité qui verrouillerait complètement le dispositif n'est plus possible. Nous sommes dorénavant capables de repérer le mensonge sacrificiel, c'est-à-dire la ruse de la persécution. Bien sûr, une partie de la société peut toujours céder au vertige et croire mimétiquement à la culpabilité, mais ce ne peut plus être le cas de *toute* la société. Il se trouvera toujours quelqu'un ou quelques-uns pour échapper à ce que Girard appelle la « méconnaissance ». Pour le dire autrement, nous, hommes et femmes de la modernité, ne croyons plus aveuglément et automatiquement au discours de la persécution. Que nous soyons chrétiens ou non ne change rien à l'affaire. Notre souci des victimes — cette préoccupation impérieuse mais très récente dans l'histoire du monde — s'enracine au moins partiellement dans le message évangélique.

Réfléchissons à un constat tout simple. Personne aujourd'hui ne peut choisir impunément d'exprimer le point de vue du persécuteur. Nul ne peut dire tranquillement : j'opprime les faibles parce que je suis le plus fort. Or, il n'en a pas toujours été ainsi. Ce scrupule est même assez nouveau dans l'histoire des hommes. Avec les deux Testaments, le discours de la persécution a été délégitimé. On ne peut plus dire : « J'opprime parce que je suis le plus fort et, pour le reste, je n'ai aucun compte à vous rendre. » Si on parle en ces termes, alors on est désigné comme un barbare ou un hitlérien. Pourquoi donc ? Qui a déconstruit le discours de la persécution en dévoilant sa fausseté ? À mes yeux, c'est essentiellement le judéo-christianisme. Là gît la véritable « subversion » biblique. Certes, cela ne veut pas dire que l'Église et les chrétiens y soient toujours fidèles, ni même que les peuples en tiennent vraiment compte. La persécution et la violence n'ont pas disparu de la surface de la Terre, loin de là. Historiquement, la chrétienté elle-même a souvent été persécutrice (les croisades, l'Inquisition). Aujourd'hui encore, nous voyons quantité de prélats et d'Églises se compromettre avec l'oppression.

Sauf que désormais, pour opprimer un peuple ou persécuter les innocents, il faut singer le point de vue de la victime. On ne peut opprimer qu'en prétendant défendre les victimes, en travestissant le message évangélique, comme l'a fait par exemple, au XXe siècle, le communisme, cette contrefaçon idéologique de l'Évangile. Le *point de vue* de la victime est désormais le seul légitime, le seul qu'on puisse tenir. C'est bien pour cette raison, parce que l'oppression ne peut plus *se dire explicitement pour ce qu'elle est*, qu'on voit se développer une funeste compétition pour occuper la place de la victime, ce promontoire stratégique de l'oppression. Telle est la surenchère victimaire contemporaine, cette ruse obligée de la persécution, cet hommage tactique du vice à la vertu.

Pour opprimer commodément, chacun s'efforce d'apparaître comme plus victime que l'autre. Si l'expression nietzschéenne a un sens, voilà bien ce qu'on pourrait définir comme une ruse de l'*antéchrist*.

*

Les institutions, c'est un fait, ont souvent trahi la parole évangélique. Elles ont rallié le temporel en oubliant le message. Il est vrai que le message lui-même a mis du temps — des siècles ! — à être interprété, et il continue de l'être aujourd'hui. En d'autres termes, sa *subversion* n'en finit pas de progresser dans l'esprit des hommes et dans leurs cultures. On pourrait ajouter que cette nécessité du cheminement progressif, d'une patiente « interprétation créatrice » pour reprendre une expression de Gianni Vatimo, fait intégralement partie du message. C'est une autre manière de dire qu'il est vivant. C'est une démarche et non un dogme. Je pense ici à cette phrase du pape Jean XXIII : « Nos textes ne sont pas des dépôts sacrés mais une fontaine de village. » Une fontaine à laquelle chaque génération vient s'abreuver, en buvant une eau sans cesse différente, en redonnant vie à la fontaine.

Je suis de plus en plus sensible au fait qu'il existe des contradictions entre les quatre Évangiles. Ces contradictions, loin d'être une faiblesse, constituent à mes yeux la chance du christianisme. Les chrétiens ne peuvent pas se référer à leurs textes comme à des injonctions dogmatiques gravées dans le marbre. Ils ne sont pas les héritiers d'un dogme, mais d'un *récit* qu'ils ne connaissent que par le truchement de quatre témoins, lesquels ne sont pas toujours d'accord entre eux. Autrement dit, les chrétiens sont condamnés, si l'on peut dire, à une réinterprétation infinie, à une revisitation jamais achevée de leur message. C'est bien pour cela, me semble-t-il, qu'ils doivent — ou devraient — échapper à tout dogmatisme.

Interprétation créatrice ? Aujourd'hui, lorsque je lis certains textes évangéliques, leur signification me saute aux yeux. Certaines phrases que je ne comprenais pas auparavant me semblent limpides. Par exemple : « Pardonne-leur, mon Père, ils ne savent pas ce qu'ils font. » Dans la bouche du Christ, cette requête me paraît empreinte d'une intelligence anthropologique stupéfiante. Elle désigne la « méconnaissance » des persécuteurs. Les persécuteurs, ceux de la Passion comme tous ceux qui les ont précédés dans « les siècles des siècles », sont réellement convaincus de la culpabilité de leur victime. Ils sont pris dans l'unanimité mimétique du lynchage et ils tuent sans comprendre l'abomination qu'ils commettent, en toute bonne conscience, sans imaginer une seule seconde qu'ils immolent un innocent. Ils sont dans l'aveuglante et implacable logique sacrificielle, dans la « pensée unique » de la persécution, si je peux me permettre cet anachronisme. Ils « ne savent pas ce qu'ils font », en effet. Seul la parole évangélique et le *scandale* de la résurrection pourront entamer quelque peu la compacité granitique de cette « méconnaissance ».

Sur ce principe de subversion contenu dans le message christique, Nietzsche ne s'était pas trompé. Cela pourra sembler étrange, mais une lecture très attentive de Nietzsche se révèle vite roborative pour un chrétien. Tout en combattant le christianisme, Nietzsche prend très au sérieux sa fondamentale « nouveauté ». Il la considère comme une catastrophe mais il concède — pour s'en lamenter — que le message évangélique a bel et bien changé l'histoire du monde en privilégiant la victime sur l'oppresseur, en ouvrant la voie à ce qu'il appelle dédaigneusement une « morale des faibles ou des esclaves ». Nietzsche a perçu mieux que quiconque la puissance prodigieuse de cette subversion évangélique. À ses yeux d'ailleurs, la pensée grecque elle-même, depuis Platon, était déjà préchrétienne sans le savoir. Il exècre de la même façon Platon et le Nouveau Testament, et préfère en revenir, quant à lui, à la tradition présocratique. Une tradition où l'on est encore dans l'innocence de l'oppression et de la persécution ; une tradition où les forts n'ont pas à rendre raison de leur aristocratique supériorité.

À bien lire Nietzsche, on peut paradoxalement être reconduit au christianisme, plus logiquement et plus vite qu'en écoutant les dévots paresseux ou en lisant les catéchismes qui radotent avec une décourageante mollesse. Rien n'est plus pernicieux dans l'histoire du christianisme que cette adhésion routinière ou « habituée », pour reprendre un adjectif cher à Péguy. Dans la grande clameur nietzschéenne contre le christianisme, je trouve quant à moi un hommage obsessionnel — mais puissant — rendu à la subversion christique. C'est un hommage inversé et donc involontaire, certes, mais un hommage tout de même. En vitupérant contre le « désastre » chrétien, Nietzsche en reconnaît du même coup l'importance historique. C'est dans cette optique que je lis ou que j'écoute les nietzschéens les plus haineux d'aujourd'hui. Leur charge tonitruante et le ressentiment inquisitorial qu'elle trahit devraient réveiller les chrétiens et non les désoler. Tout cela me paraît autrement stimulant que la routine bien-pensante ou le mièvre radotage.

*

L'entrée dans ce deuxième cercle et l'adhésion déterminée à ce principe de subversion m'ont entraîné, au moins dans un premier temps, bien plus loin que je ne l'imaginais. Pour faire simple, je dirais : plus à gauche. Je me suis senti plus chrétien que catholique, si j'ose dire. Je me découvrais plutôt en accord avec les théologies de la libération et, concrètement, avec des associations ou mouvements chrétiens en rupture avec ce catholicisme institutionnel, dominateur et respectable, qui me paraissait faire barrage au message lui-même. Ce catholicisme-là, surtout obsédé de morale, d'interdictions ou de menaces, a fini par s'apparenter, en éteignant la fulgurance du message, à une enveloppe dissuasive, un rempart, une douane soupçonneuse qui en interdirait l'accès.

De la même façon, j'étais — et je suis encore — assez peu sensible à toute référence à un Dieu de la toute-puissance, à un père punisseur et « organisateur » du monde. Cette vision cléricale me semblait même aller à rebours du simple bon sens. Il me paraissait évident que la douce force du christianisme était justement de se référer à un Dieu crucifié, incarné, humain et vaincu. Un Dieu faible, si l'on préfère. À une théologie de la Croix, plutôt qu'à une théologie de la gloire. Je commençais, peu à peu, à trouver déterminante cette « différence » chrétienne qui consiste à faire d'une victime, d'un vaincu, un Dieu. Pour les philosophes païens de l'Antiquité tardive, la symbolique de la Croix constitue le scandale absolu. La vénération d'un crucifié apparaît comme une démarche obscène, pour ne pas dire répugnante aux yeux d'un Romain du Bas-Empire. Pourquoi ? Parce qu'il paraît déraisonnable à quiconque est englué dans la symbolique du pouvoir de faire un Dieu d'une victime.

Cette idée d'un Messie souffrant et immolé sera dénoncée voire ridiculisée par les polémistes antichrétiens des premiers siècles. « Vous mettez tout votre espoir en un homme qui a été crucifié », constate avec étonnement Tryphon, dans le fameux *Dialogue avec Tryphon* de Justin Martyr, apologiste grec, martyrisé en 165, sous Marc Aurèle. Celse, le polémiste antichrétien (et antijuif) ironisera, bien avant Nietzsche, sur cette déification grotesque d'un crucifié, c'est-à-dire d'un vaincu. Un autre écrivain païen, Lucien, se moquera de celui qu'il appelle un « sophiste crucifié ». Il n'empêche que ces critiques étaient déjà, au sens propre du terme, dérisoires.

Aucun signal n'aura changé la face du monde aussi fortement que celui-ci. Promouvoir les victimes à la barbe (si j'ose dire) de leur persécuteur ; désamorcer la tyrannie en sapant ses fondements ; tendre la joue gauche, en somme, et chambouler ainsi, mine de rien, la logique de la domination : deux mille ans n'auront pas été de trop pour décrypter ce message-là. Aujourd'hui encore, cette subversion originelle est un rappel jeté au visage des conquérants, des bâtisseurs d'empires éphémères et des hommes dominateurs englués, jour après jour, dans la cruauté temporelle.

Pour cette raison, la métaphore de la Croix, qui fait encore horreur aux non-chrétiens, me *parlait* sans cesse davantage. Avais-je tort ? Je n'en sais rien. Mais c'est ainsi que, en lisant, en discutant, en tâtonnant, j'essayais d'avancer.

*

Le thème de la *kénose*, c'est-à-dire de la relative faiblesse de Dieu qui laisse l'homme aux prises avec sa propre liberté, m'intéressait plus que les discours enflammés et apeurés sur la terrible puissance du divin. Aux formules liturgiques telles que « la puissance et la gloire », je préférais la métaphore de « l'agneau de Dieu » qui induit en elle-même l'évocation du sacrifice et souligne la violence effective de la Passion. Dans la tradition juive, le concept de *tsimtsoum* évoque lui aussi le retrait, l'effacement partiel de Dieu qui *fait place*, en quelque sorte, à l'humain. Il ne le domine pas. Bien sûr, le *tsimtsoum* juif, dans sa complexité interprétative, ne coïncide pas tout à fait avec la *kénose* chrétienne. Je persiste pourtant à penser que, jusque dans son ambivalence, « cette obscurité, ce silence et retrait de Dieu, [qui] conditionnent l'existence du monde », pour reprendre la formule de Catherine Chalier, n'en sont pas très éloignés[1].

Sur ces idées de *kénose* et de *tsimtsoum*, je garde le souvenir de quelques semaines de lecture assez heureuses. J'avais l'impression qu'au fond de moi, une gêne très ancienne se dissipait peu à peu, un blocage se desserrait. Je parle évidemment de mon embarras face au catholicisme institutionnel, celui des Églises historiquement ralliées aux princes et aux riches, de ces évêques

1. Catherine Chalier, *Dieu sans puissance*, Payot-Rivages, 1994, p. 58.

franquistes bénisseurs de canons et qui avaient inspiré à Georges Bernanos, au moment de la guerre d'Espagne, cette colère flamboyante que sont *Les Grands Cimetières sous la lune.* Une colère d'autant plus admirable que Bernanos, en dénonçant la barbarie franquiste, la dirigeait contre les siens, contre sa famille de pensée. Il le faisait, à l'évidence, par fidélité au message évangélique.

De la même façon, François Mauriac, alors que sa famille d'esprit et sa sensibilité initiale l'inclinaient à abhorrer les « bolchevistes », a su exprimer le dégoût qu'avait fait naître en lui le ralliement de la hiérarchie catholique au franquisme massacreur. Quoi ? Impliquer Jésus-Christ dans cette affaire ? Trahir le message au point d'en revêtir les assassins de Guernica ou de Badajoz ? En lisant Bernanos ou Mauriac au sujet de la guerre d'Espagne, j'avais l'impression que leurs fiévreuses colères contre les infamies que l'institution catholique cautionnait au-delà des Pyrénées s'inscrivaient dans une histoire bien plus longue. Une histoire de trahisons temporelles, d'appétits de puissance, d'aveuglements ; mais une histoire qui, par réaction, avait aussi engendré de génération en génération — et depuis les premiers siècles — des révoltes, des dissidences et des protestations risquées. À mes yeux, l'institution en tant que telle méritait d'être tenue à l'œil. C'est du moins ainsi que, dans un premier temps, je voyais les choses.

Sans vraiment m'en rendre compte, j'intériorisais une approche assez protestante, ou disons « ellulienne » du christianisme. Nous parlions souvent de cela avec Régis Debray. Je ne crois pas trahir sa pensée en écrivant qu'il est surtout impressionné par la trajectoire, le succès temporel et la longévité de l'Église en tant qu'institution. Il n'est pas loin d'y voir une forme de génie sur le terrain culturel, social et politique. L'Église catholique incarne à ses yeux une incomparable réussite de la « transmission », un succès *médiologique* en quelque sorte. L'Église le fascine en ce qu'elle s'est révélée capable, pendant presque deux millénaires, d'assurer la cohésion, la *consistance* sociale et la perpétuation des sociétés européennes. Dans les livres qu'il a consacrés au religieux, cette vision est argumentée et documentée avec talent et intelligence. C'est d'ailleurs à cause de cette vision-là que les analyses de Girard l'exaspèrent.

Or je pense que cette approche finit par nous

reconduire tôt ou tard vers le maurrassisme. Charles Maurras, athée résolu et rationaliste pur et dur, se disait volontiers « athée mais catholique ». D'instinct, j'inversais quant à moi la formule. Je me sentais de plus en plus chrétien, mais j'étais moins assuré de mon catholicisme. Je m'intéressais plus au message et à son contenu « subversif » qu'à la messagerie historique qu'avait représentée l'institution. J'étais aux antipodes de Maurras sur ce point. Or, ce catholicisme sermonneur et conservateur auquel se référait l'auteur de *L'Enquête sur la monarchie* demeure très présent dans la société française. Bien longtemps après la condamnation de Maurras et de l'Action française en 1926 par Pie XI, une fraction non négligeable des catholiques français continue d'adhérer tacitement à ses thèses : celles qui définissent un catholicisme quasi athée. Quand on gratte le vernis d'une certaine culture catholique, on retrouve la trace de ce maurrassisme. C'est d'ailleurs contre lui que se polarise l'antichristianisme contemporain et c'est la raison pour laquelle il me laisse sans voix.

Aux pourfendeurs du « cléricalisme » ou de l'« obscurantisme », j'ai envie de répondre : vos dénonciations et vos colères ont été formulées depuis longtemps *de l'intérieur même du christianisme.* Relisez Léon Bloy, Marc Sangnier, Charles Péguy, Maurice Blondel, Emmanuel Mounier ou, plus près de nous, Maurice Clavel, Jacques Ellul, André Mandouze ou Maurice Bellet, pour n'évoquer que quelques noms, et vous verrez qu'ils ont été bien plus loin que vous sur ce terrain. L'ennemi — « l'infâme » de Voltaire — que vous pourfendez n'est pas le christianisme mais sa version distordue, instrumentalisée. C'est contre un catholicisme athée que, sans le savoir, vous dressez vos réquisitoires.

Je pense même que cette conjonction paradoxale de l'athéisme et du catholicisme trouve un écho jusqu'à l'extrême droite et chez ceux qu'on appelle les « néo-païens ». Comme Maurras — ou Carl Schmitt en Allemagne —, ils admirent dans le catholicisme son aspect ordonnateur, sacrificiel, respectueux de la tradition. Ils se réfèrent volontiers au Moyen Âge féodal, inégalitaire et « traditionnel » tout en affichant leur hostilité contre la Renaissance, la Réforme et, bien entendu, les Lumières. Un de leurs maîtres à penser, le philosophe italien Julius Evola, exprime cela de manière très crue : « Ce qui, dans le catholicisme, possède un caractère vraiment traditionnel, écrit-il, est bien peu chrétien, et ce qui, en lui, est chrétien s'avère bien peu traditionnel[1]. »

*

Au fil des années, mon attirance pour cette *subversion*, très chrétienne quant à elle, m'engageait dans une position paradoxale. À partir du milieu des années 1980 — les « années fric » —, je me suis senti en accord politique avec ces militants anonymes ou ces responsables associatifs engagés contre vents et marées sur le terrain social. Je pense aux gens d'ATD-Quart monde, à ces chrétiens présents dans des réseaux non confessionnels comme Amnesty International ou les Restos du cœur, aux animateurs du CCFD, de la Cimade ou de certaines fractions régionales du mouvement ATTAC. Moi qui n'avais jamais participé à l'extrême gauche post-soixante-huitarde, je me retrouvais en consonance avec ce refus des injustices et dominations nouvelles, induites par la dogmatisation du néolibéralisme. Je me suis

1. Julius Evola, *Révolte contre le monde moderne*, Bibliothèque de l'Âge d'homme, 1991, p. 344.

intéressé, en effet, à la théologie de la libération — condamnée par le Vatican. Cette théologie évoque le caractère clairement sacrificiel du néolibéralisme. J'ai accepté, pour cette même raison, de devenir chroniqueur à l'hebdomadaire catholique *La Vie*, dont l'histoire journalistique s'inscrit dans cette tradition protestataire. De manière assez étrange, on peut ainsi se trouver ramené à gauche non pas par l'idéologie ou le marxisme mais par le christianisme lui-même.

Pour dire les choses simplement, comment ne pas être sidéré par la symbolique inégalitaire du nouveau système économique qui s'est mis en place après l'effondrement du communisme ? Comment ne pas être révolté par la violence de ce que l'économiste Jean-Paul Fitoussi appelle l'« idéologie du monde » ? Cette violence du « tout marché » me semblait d'autant plus dévastatrice qu'elle coïncidait avec la désintégration des cultures populaires, qu'elles soient ouvrière, paysanne ou syndicale, désintégration qui laissait des millions de gens sans références, sans protection symbolique, dans le désarroi et l'exil intérieur. En France, la gauche au pouvoir perdait peu à peu tout vrai contact avec cette

« souffrance en France[1] » qui, il est vrai, n'intéressait plus grand monde.

Pire encore. Autour de moi, dans les milieux de la presse et de l'édition où j'évoluais, un processus insidieux de ringardisation des pauvres était à l'œuvre. Dans l'imaginaire collectif de l'époque, les prolétaires de jadis ou ces pauvres dont parle sans cesse Bernanos étaient dorénavant désignés comme des « beaufs », et toujours plus ou moins suspectés de voter pour l'extrême droite. Il n'était plus légitime de s'intéresser à eux, sauf à verser dans le « populisme ». Le succès de ce substantif vers le milieu des années 1980 me mettait en rage. J'y voyais une stratégie d'abandon, de relégation, de domination satisfaite. À la même époque, il fut de bon ton d'ironiser sur la vieille prévention catholique à l'égard de l'argent. Ah, la belle affaire !

Dans les journaux que je lisais, dans les conférences de rédaction ou les comités de lecture auxquels j'assistais à Paris, on répétait qu'il était urgent de « déculpabiliser l'argent ». Faute de

---

1. Je reprends ici le titre d'un livre de Christophe Dejours que j'ai publié en 1998 au Seuil, et dont le sous-titre – que nous avions choisi ensemble – était : « La banalisation de l'injustice sociale ».

cela, disait-on, l'économie resterait frappée de langueur. En lieu et place des convictions et des engagements effondrés, il valait mieux réhabiliter l'intérêt consumériste et même cette avidité possessive dans laquelle les fondateurs du libéralisme voyaient le moteur du système. L'intérêt poursuivi solitairement par chacun paraissait soudain moins dangereux que ces convictions collectives, ces engagements émotifs toujours capable d'incendier l'histoire. Ce vice privé de l'égoïsme, ajoutait-on, n'est-il pas magiquement transformé en vertu publique par la main invisible du marché ? À partir du milieu des années 1980, il fut donc permis de célébrer, même dans la presse de gauche, les amasseurs de fortunes, les mirobolants du boursicotage et les obsédés du « patrimoine ». Pour faire bonne mesure, on citait Adam Smith ou Mandeville et sa fable des abeilles. Les brasseurs d'affaires se virent adulés comme des rock-stars, jusque dans les colonnes de *Libération*.

Dans ce climat, c'est vrai, la vieille défiance chrétienne à l'égard de l'argent — instrument d'échange mais aussi de violence dominatrice — devenait gênante. Elle encombrait le paysage. C'est elle qu'il fallait éliminer. Par la moquerie… C'était fou ! Combien d'articles ai-je lus dont les auteurs, souvent proches des socialistes de gouvernement, voulaient enfoncer ce clou-là. Leur aplomb m'effarait. En réalité, ce n'est pas l'argent mais les riches que ces manœuvres déculpabilisaient. On allait le vérifier quelques années plus tard, quand s'afficherait sans complexe la morgue médiatique des enrichis. Ce serait bien le moment…

À partir des années 1990 cette connivence avec la gauche sociale est devenue pour moi bien réelle. Certains de mes amis n'en revenaient pas. À leurs yeux, je devenais quasiment gauchiste, au moment précis où il n'était plus raisonnable de l'être. Ils mettaient cela sur le compte d'une « réactivité » excessive, voire d'un romantisme compassionnel. En fait, je ne me sentais pas motivé par le romantisme mais par la colère, ce qui n'est pas la même chose. Rien de tout cela, pourtant, n'a entamé notre amitié. J'ai participé à de rudes débats publics sur la mondialisation ou sur l'Europe avec ces amis qui n'appartenaient pas à la gauche et faisaient partie de ce qu'il est convenu d'appeler le cercle des « décideurs ». Ces débats étaient chauds mais ils ne nous ont jamais séparés. J'ai mis un certain temps à comprendre quel était ce socle enfoui profond, qui nous permettait d'afficher ainsi la brutalité de nos désaccords, sans jamais rompre : le christianisme, tout bêtement, et ces « choses invisibles » que nous n'avions pas besoin d'évoquer pour nous savoir ensemble.

Il est vrai que si, sur le terrain social et politique, j'étais plutôt en accord avec la « gauche de gauche » — celle de Pierre Bourdieu —, ce n'était pas le cas pour ce qui touchait aux mœurs, à l'éthique, à la limite. Devant les immenses mutations annoncées, la position libertaire me semblait imprudente, pour ne pas dire insensée. Je ne me sentais ni libéral ni libertaire.

*

Dans un premier temps, en tout cas, je fis mienne la sévérité des chrétiens dits « de gauche » à l'égard de l'institution catholique. Comme eux, je me désolais du ralliement historique au pouvoir temporel, de la crispation dogmatique, de l'autoritarisme pyramidal du Vatican, du conservatisme intraitable et des condamnations disciplinaires dont furent victimes tant de savants ou théologiens, qui s'écartaient de la dogmatique romaine. J'éprouvais une réticence de principe à l'endroit de ce que les adversaires du christianisme appellent le

« césaro-papisme ». Je n'étais pas loin de penser que les Églises, en tous temps et en tous lieux, avaient trahi le message évangélique.

Je m'enthousiasmais, en revanche, à la pensée que, dès le IVe siècle de notre ère, l'essor du monachisme et la spiritualité exilée des Pères du désert avaient apporté un contrepoint silencieux, une *réponse* à cette conversion de Constantin qui avait fait du christianisme la religion officielle de l'Empire, avec toutes les compromissions temporelles — et les répressions séculières — qui s'ensuivirent. Les chrétiens de ma génération, y compris ces anciens prêtres qui avaient rompu avec l'Église après mai 1968, partageaient clairement cette défiance à l'égard du Vatican, ses pompes, ses ors, ses œuvres et ses conservatismes.

J'ose le dire : j'ai évolué. Me suis-je « rallié » ? C'est à voir.

D'abord, cette fameuse « institution » catholique si souvent évoquée de manière abstraite, j'ai fini par la voir de près, la rencontrer, la côtoyer même. On m'a invité et reçu dans des milieux dont j'ignorais à peu près tout auparavant. Je comprenais mal, au départ, pourquoi on m'y conviait, moi le « presque chrétien ». J'ai fréquenté des départements universitaires de théologie, des abbayes, des instituts confessionnels et des communautés juives et protestantes où l'on sollicitait ce témoignage venu « de l'extérieur ». En répondant à ces demandes, je craignais de frôler la tricherie. Qu'avais-je donc à dire d'important dans ces assemblées où l'on en savait plus que moi ? Je m'acquittais de ma tâche, sans taire ni mes doutes, ni mes tâtonnements, ni mes ignorances. Je parlais de mon travail. J'énumérais ce que j'avais cru redécouvrir en faisant l'inventaire de ce que j'appelais prudemment notre *héritage biblique*, qu'il soit juif ou chrétien. Et je disais l'émerveillement naïf qui m'habitait certains jours. Toutes ces rencontres et tous ces dialogues improvisés ont peu à peu transformé le regard que je portais sur les institutions religieuses elles-mêmes.

Oui, c'est d'abord de regard qu'il faut parler. Je découvrais des communautés vieillissantes mais obstinées dans leur ferveur. J'entrais dans des maisons diocésaines ou des monastères réduits à la survie, mais plus attentifs au monde du dehors que je ne l'imaginais. On me logeait sur place. Je garde le souvenir de couloirs vides, de cloîtres déserts, de chapelles sonores, de chambres au parquet grinçant. À Saint-Jacutde-la-Mer, en Bretagne, à Montpellier, à Nevers, à Toulouse ou à Maredsous en Belgique, je rencontrais des prêtres ou des religieuses qui jetaient toutes leurs forces dans le sauvetage de la « maison commune ». Je voyais des curés de campagne courant les routes pour assurer une présence dans des paroisses où les cloches ne sonnaient plus. Je déjeunais avec des évêques sans le sou. Je croisais des sœurs très âgées mais qui gardaient un sourire de petite fille. Tout cela était très doux et très étrange.

Elle était donc là, cette « puissante » institution catholique à qui nous réservions nos flèches et nos critiques, ce catholicisme dominateur et clérical face auquel nous recommandions la méfiance ! Je mesurais l'absurdité de certains réflexes, de certains discours auxquels j'avais moi-même adhéré. L'anticléricalisme contemporain, y compris celui des chrétiens de gauche, me semblait tout à coup décalé du réel, aussi paradoxal que l'antisémitisme sans juifs de certains Polonais. L'Église réelle, celle que je redécouvrais, faisait plutôt songer à ces communautés chrétiennes des premiers siècles, solidaires et joyeuses mais tenues à l'œil (dans le meilleur des cas) par le pouvoir romain. Dans un premier temps, c'est cette interprétation optimiste que je fis mienne. Que l'Église catholique ait perdu sa richesse, son omniprésence et sa puissance rend assez risible l'anticléricalisme façon IIIe République qui renaît dans nos sociétés, mais cela ouvre peut-être la voie à un extraordinaire rajeunissement du christianisme.

*

La sécularisation de l'Europe, en dépossédant l'Église de son ancienne vocation d'organisatrice du social, la libérait de son assujettissement au pouvoir temporel. Les clercs et les fidèles qui la constituaient faisaient une expérience historique inédite depuis dix-sept siècles : celle de la minorité, de l'écart, de la dissidence de facto. On pouvait y voir bien autre chose qu'une catastrophe. Les chrétiens réapprenaient du même coup à être dans le *subversif* plus que dans le *normatif.* Le monde catholique redevenait sociologiquement protestataire, comme il l'avait été aux IIe et IIIe siècles. Il lui était permis de retrouver cette intrépidité spirituelle et éthique, cette gaieté inaugurale que l'on perçoit encore à distance lorsqu'on lit des livres sur la réalité des premiers siècles.

L'utilisation de mots comme *dissidence*, *protestataire* ou *subversion* ne me paraît pas abusive. En écrivant cela, je pense aux dénonciations par les premiers chrétiens des abjections païennes de l'époque, qu'il s'agisse des combats de gladiateurs, des sacrifices aux idoles, de la pédophilie ostentatoire de certains empereurs comme Tibère (mort en l'an 37 de notre ère) ou de ce qu'on appelait l'« exposition » des nouveau-nés, alors autorisée par le droit romain. Cet euphémisme désignait rien de moins qu'une forme légale d'infanticide. Le *pater familias* qui refusait d'accepter la naissance d'un enfant qu'on « exposait » devant lui pouvait abandonner le nourrisson sur la place publique, quitte à ce qu'il en meure.

On peut citer cette autre tradition romaine qui voulait qu'une femme mariée (matrone) violée par un étranger à la *domus* (maison) prenne sur elle de se suicider sans attendre. La mort volontaire plutôt que le déshonneur du mari ! C'est ce que fit Lucrèce, violée par Sextus Tarquin six siècles avant notre ère. C'est ce que firent, un millénaire plus tard, des centaines de Romaines violées par les envahisseurs wisigoths en 410, et qui obéissaient encore à l'intraitable morale antique[1]. On peut enfin mentionner l'opposition déclarée des premiers chrétiens à toutes les formes de violence et, a fortiori, aux guerres menées par Rome. (Le concept de *guerre juste* ne sera élaboré par saint Augustin qu'au IVe siècle, au moment des assauts des « barbares » contre l'Empire devenu chrétien.)

Au total, ces chrétiens des origines, surveillés de près par les gouverneurs romains et en butte à des persécutions répétées (depuis celle de Néron au Ier siècle jusqu'à celle de Dioclétien au début du IVe siècle), étaient porteurs d'une parole provocante, révolutionnaire, capable d'interpeller la raison d'État au nom de principes supérieurs. Toute proportion gardée, ils ressemblaient à nos objecteurs de conscience d'aujourd'hui, à nos groupuscules contestataires voire à nos « gauchistes » dont la fonction prophétique est nécessaire, même si elle exaspère les gestionnaires de l'ordre établi. Et d'ailleurs, lorsqu'on lit des études historiques sur ces premières communautés chrétiennes, celles de l'Antiquité tardive, on constate que les critiques,

1. Saint Augustin prendra la défense de ces femmes dans *La Cité de Dieu*, écrite peu après le sac de Rome par les Wisigoths.

médisances ou calomnies dont les chrétiens étaient l'objet s'apparentent de manière troublante à celles qu'on adresse de nos jours aux groupes contestataires qui campent dans les marges de la vie politique officielle : écologistes, altermondialistes, non-violents ou hippies à l'ancienne mode. On reprochait à ces chrétiens d'être sans foi ni loi puisqu'ils récusaient les cultes officiels, d'être probablement débauchés car leurs communautés mêlaient des hommes et des femmes, de mettre en danger l'Empire romain en transgressant ses lois et en refusant de sacrifier à ses idoles.

Ils dérangeaient.

Les chrétiens d'aujourd'hui, reconduits vers un statut de minoritaires par la sécularisation, vivent donc une épreuve qui, à l'échelle des siècles, n'est pas si désespérante. Elle peut les inviter à *déranger* à nouveau, mais d'abord à mieux comprendre — et même, pour certains, à *reconnaître* — la fermeté spirituelle de ces autres croyants qui firent, eux, pendant des siècles, l'expérience de la minorité. Je parle des protestants français mais plus encore des juifs dont les catholiques d'aujourd'hui ont beaucoup à apprendre. Ou à réapprendre. La vraie foi ne se fortifie-t-elle pas d'être séculièrement désarmée ? En tout cas l'empathie qui m'incita à répondre positivement à toutes les propositions de rencontre venues des associations juives ou protestantes n'était pas sans rapport avec le sentiment d'une proximité et même d'une solidarité retrouvées.

Ce n'est pas tout. L'affaiblissement de l'institution catholique devrait encourager les chrétiens à opposer aux dérives de l'époque la même vitalité dénonciatrice que celle dont firent preuve les premières communautés d'Antioche, d'Éphèse ou d'ailleurs. Qu'il nous suffise de penser aux inégalités sociales, aux injustices et aux exclusions nouvelles, au cynisme ambiant, aux déshumanisations inédites que rendent imaginables les technosciences livrées à elles-mêmes.

On peut citer tout aussi bien les délires transgressifs qui hantent nos sociétés ouvertes, lesquelles sont de moins en moins capables de se fixer les règles, les limites et les interdits qui permettent de civiliser les mœurs, pour parler comme Norbert Élias ou Cornelius Castoriadis. Pareils délires finissent par engendrer des communautés humaines anomiques (sans normes) mais travaillées par une violence qu'elles ne savent plus maîtriser, sauf en recourant au judiciaire et à la police. Ces sociétés-là, les nôtres, vivent ainsi dans une errance pathétique entre le permissif et le répressif, entre le discours libertaire et la volonté obsessionnelle de punir. Quand elles tentent d'échapper à ce désarroi, c'est en caressant de manière infantile le « fantasme d'être approuvé par la loi qu'on transgresse[1] ».

La Rome antique avait ses barbaries, notre cité moderne a les siennes.

C'est le même refus qu'il s'agit de leur opposer.

Sur tous ces sujets, les juifs et les chrétiens ont un rôle à jouer ; une parole à faire entendre. Or, ni ce rôle ni cette parole ne doivent — ni ne peuvent — procéder de la contrainte cléricale ou de l'injonction dogmatique mais du témoignage, du rappel, de la proposition alternative mais authentiquement vécue. Cette *proposition* de sens, sauf à basculer dans le refus réactionnaire de la modernité, exige simplement d'être ouverte à la critique, argumentée avec rigueur et énoncée sans arrogance. Quant aux moqueries, aux tracasseries, aux relégations médiatiques, voire aux haines récurrentes auxquelles

1. L'expression est du psychanalyste Daniel Sibony, *Le Figaro*, 13 août 2004.

s'exposent les croyants en agissant ainsi, convenons qu'elles font sourire comparées aux persécutions du passé ou même à celles qui perdurent, en 2007, dans d'autres parties du monde. Être traité de « réac » dans *Charlie Hebdo*, ce n'est pas tout à fait la même chose que d'être livré aux lions par Néron en l'an 64 ou par Dioclétien en 304.

À ce stade, une remarque s'impose. Ces retrouvailles avec la subversion minoritaire, cette envie d'être à nouveau le *sel dans la pâte* ou d'articuler une parole dissidente qui *propose sans imposer*, rien de tout cela n'est imaginable sans une gaieté tranquille, j'allais dire une « joie » au sens où l'entendait Bernanos. Elle seule peut redonner son sens à cette « rupture inaugurale » qu'évoque Maurice Bellet. Les chrétiens doivent réapprendre le bonheur de vivre, y compris la joie des corps. Le principe de l'*incarnation*, propre au christianisme, ne leur montre-t-il pas le chemin de cette réconciliation-là ?

Ils ne doivent à aucun prix redevenir ces moralisateurs à la triste figure qu'ils furent trop fréquemment dans l'Histoire. Ce christianisme contrit et pudibond consternait déjà Emmanuel Mounier dans les années 1950. Il le comparait à une troupe navrante, promise d'avance à la défaite. « Ces êtres courbes qui ne s'avancent dans la vie que de biais et les yeux abattus, demandait-il, ces âmes dégingandées, ces peseurs de vertu, ces victimes dominicales, ces froussards dévotieux, ces héros lymphatiques, ces bébés suaves, ces vierges ternes, ces sacs de syllogismes, ces ombres d'ombres, est-ce là l'avant-garde de Daniel marchant contre la Bête [1] ? »

La colère joyeuse dont Mounier craignait la disparition, il faudrait en retrouver la syntaxe. Et la musique.

*

Pour être juste, je dois dire qu'il m'est arrivé d'entendre cette musique, y compris dans ces lieux dépeuplés où tout invitait à la mélancolie voire à la désespérance. Hommes et femmes têtus dans leur foi, sentinelles aux remparts, porteurs d'espérance engagés dans la cité : c'est la rencontre de ces chrétiens opiniâtres qui m'a entraîné plus avant dans ce « deuxième cercle », celui de la subversion évangélique. Je leur dois

---

1. Emmanuel Mounier, *L'Affrontement chrétien*, Le Seuil, 1951 ; réédition, avec une présentation de Guy Coq, Parole et silence, 2006.

même davantage. Ils m'ont aidé — sans s'en douter eux-mêmes — à réviser mon point de vue sur l'institution catholique.

Cette révision s'est faite par étapes.

C'est d'abord en songeant, en effet, à tous ces chrétiens colletés à l'engagement quotidien contre la « méchanceté » dont parlent les Psaumes, que j'ai tenté de mieux réfléchir aux mécanismes de la croyance et de la décroyance, y compris religieuse [1]. Ce long travail m'a reconduit vers quelques évidences. L'une d'entre elles tient en peu de mots : la croyance passe *aussi* par la relation. Le mot *croire* ne se conjugue pas à la première personne du singulier, pour reprendre une expression d'Emmanuel Lévinas. La croyance solitaire, autonome, nomade, qu'invoque à tout propos le discours sociologique contemporain, n'existe pas. Elle est un leurre de l'individualisme, un piège vers lequel nous nous précipitons chaque fois que nous revendiquons cette souveraine autonomie du choix, cette désinvolture de la *préférence*, dans lesquelles nous croyons voir deux grandes vertus modernes.

1. Je fais référence à mon travail de recherche pour *La Force de conviction*, Le Seuil, 2005 et « Points », 2006.

En réalité, cette croyance solitaire et ce bricolage individuel de la croyance débouchent le plus souvent sur des engouements sans profondeur ni maturité. Ils nous exposent à tous les vertiges, aux « dérapages », comme on dit aujourd'hui, et donc à ces pathologies du croire que sont les intégrismes. Une croyance nomade ou sans racine est vulnérable. Elle peut s'agenouiller devant le premier gourou venu ou rejoindre n'importe quelle foule exaltée. C'est ce qu'on vérifie en observant nos sociétés ostensiblement « individualistes » mais plus crédules que jamais face aux sectes, au paranormal, aux intégrismes les plus ignares. Les diverses pathologies de la croyance semblent avoir accompagné l'individualisation de celle-ci. C'est un extraordinaire paradoxe qui nous invite à la réflexion. Il faudrait nous méfier davantage des infinis rafistolages de la « croyance autonome » et, plus encore, de ces syncrétismes confus qui fleurissent dans les ruines des grandes religions.

Pour échapper à ses propres folies, toute croyance réclame d'être passée et repassée au tamis de la critique raisonnable, de la libre discussion, de la patiente *purification*, autant de choses qui impliquent une relation organisée et suivie dans le temps. Il faut définir et circonscrire le périmètre d'une croyance, faute de quoi elle verse tôt ou tard dans l'effervescence baroque ou le désarrimage incontrôlé. Les hérésies qui naissent de cette façon ne sont pas toujours aimables. Songeons aux sectes qui prolifèrent dans nos sociétés ouvertes. Quand saint Augustin s'employait, aux IVe et Ve siècles, à combattre les hérésies chrétiennes (elles frôlaient la centaine !), il agissait un peu comme le font aujourd'hui nos missions spécialisées dans la lutte contre les sectes. Du moins est-ce ainsi que les contemporains interprétaient son action.

Dans cette perspective, le rôle de l'institution — de toutes les institutions humaines — nous apparaît plus clairement dans sa centralité mais aussi, c'est vrai, dans son ambivalence. Cette ambivalence est constitutive du dispositif institutionnel, qu'il soit question des Églises, des partis politiques, des académies ou même de la famille. L'institution qui prend en charge la transmission de la croyance et l'apprentissage du croyant est à la fois nécessaire et menaçante.

Nécessaire en ce qu'elle constitue une « machine à apprivoiser le croire », à lui donner forme et densité ; menaçante car elle est toujours tentée par la sclérose, la répression dogmatique, l'orthodoxie mutilante. Une institution tend à persévérer dans son être en défendant ses propres intérêts. Elle est donc habitée par un tropisme clérical, au sens le plus général de l'expression. (Il existe des formes de cléricalisme sur tous les territoires de la croyance, et pas seulement dans la religion.) À cause de cela, l'institution est portée à enrégimenter ses membres, à étouffer leur liberté, à leur imposer ses dogmes et ses catéchismes. Elle craint, par principe, la dissidence, l'objection, c'est-à-dire l'*hérésie*.

Face à une telle ambiguïté, nous sommes dans une singulière posture. Nous avons besoin de l'institution mais il nous faut apprendre à résister à son autorité. Nous aurions bien tort de juger insurmontable cet état de fait. On peut dire que toute l'histoire des hommes, dans leur rapport avec les innombrables institutions qu'ils créent — et en dernière analyse avec la culture elle-même —, est gouvernée par cette contradiction originelle. Un savant comme Albert Einstein, inventeur génial de la théorie de la relativité en 1905, n'a pu faire avancer la connaissance scientifique qu'en prenant des libertés avec les postulats académiques et la « pensée correcte » de son temps. En revanche, il n'aurait pu être Einstein sans l'existence d'une académie qui lui a (presque) tout appris. Un enfant ne conquiert son statut d'adulte qu'en s'émancipant de la famille, qui lui a cependant permis de construire sa propre humanité. La création artistique ne se conçoit pas sans une rupture avec l'académisme du moment, alors même que ni le peintre, ni le musicien, ni l'écrivain ne seraient ce qu'ils sont sans un « apprentissage » qui passe par une structure institutionnelle.

Ce raisonnement s'applique aussi à l'Église catholique.

Cette dernière n'est plus l'organisatrice de l'ordre social et politique, c'est un fait. Ses dogmes, ses valeurs, son clergé ne structurent plus la cité terrestre. Son pouvoir temporel est réduit à peu de chose, et, nous l'avons vu, c'est peut-être une chance pour le christianisme. En revanche, les chrétiens ne peuvent se résoudre à ce que l'Église disparaisse purement et simplement du paysage. Ils ont besoin d'elle. Ils doivent travailler à sa survie ; apprendre à critiquer ses raideurs tout en l'aidant à exister.

Les deux impératifs seraient-ils inconciliables ?

Je ne le crois pas.

*

L'histoire du christianisme n'est-elle pas marquée par cette opposition, difficile mais féconde, entre la pesanteur de l'institution et la fulgurance du message ? De siècle en siècle, les vrais porteurs de la parole évangélique ont souvent fait figure de dissidents, de trublions dont l'Église se méfiait et qu'elle reléguait dans ses marges, voire condamnait au silence. Pensons à ces grandes figures que furent Origène, Jean de la Croix, Thérèse d'Avila, François d'Assise, Maître Eckhart ou même Thomas d'Aquin lui-même, qui ne fut pas le dernier, au XIIIe siècle, à contester l'immobilisme des appareils de la chrétienté, c'est-à-dire l'Église elle-même. Tous ces chrétiens furent d'abord considérés comme des novateurs embarrassants, voire des provocateurs, avant d'être tardivement compris, reconnus, célébrés et, pour quelques-uns, béatifiés.

Cette défiance initiale de l'institution à l'égard de l'audace spirituelle existe encore aujourd'hui. Un seul exemple : Maurice Zundel, théologien de sensibilité franciscaine, originaire de Neuchatel et disparu en 1975, dont on réédite aujourd'hui les ouvrages, fut toute sa vie tenu en lisière par l'Église (à l'exception notable du pape Paul VI qui l'invita, en 1972, à prêcher la retraite au Vatican). À peine toléré et considéré comme un abbé de seconde zone, il fut littéralement mis à l'index dans les collèges religieux neuchatelois où l'on interdisait la lecture de ses livres. On pourrait citer bien d'autres cas comparables, comme celui de Maurice Bellet dont on commence, aujourd'hui seulement, à parler à mi-voix dans la hiérarchie catholique. Et encore.

Ainsi va l'histoire du christianisme. La parole vive, celle qui entretient le « feu » évangélique, circule et s'énonce le plus souvent dans les marges de l'Église, quand ce n'est pas en réaction *contre* cette dernière. Elle est proscrite avant d'être entendue et transmise. Ce fut le sort de la plupart des mystiques. Leur prophétisme incandescent risquait, il est vrai, d'incendier le bel ordonnancement clérical. Et pourtant ! Ces témoins essentiels auraient-ils pu exister sans l'institution ? Bien sûr que non. C'est d'elle qu'ils procédaient malgré tout. C'est à la table commune qu'ils s'étaient d'abord nourris. C'est au sein de l'Église, et par elle, qu'ils avaient accédé à la parole évangélique. Les deux mille ans d'histoire chrétienne sont la résultante d'une contradiction créatrice qui ne fut ni voulue ni *organisée*. La longévité du christianisme trouve là son origine. Sans la *subversion* venue des marges, le message se serait affadi ou même éteint. Mais, sans l'Église, il n'aurait pas été transmis. Dissidence et institution sont comme l'avers et le revers d'une même vérité en mouvement.

Redécouvrir ce paradoxe m'a d'abord troublé, puis apaisé. Et changé. J'apprenais à regarder l'institution catholique avec un autre regard, ne pouvant plus me satisfaire d'une hostilité simplement rebelle. Je restais à distance mais je jugeais moins abruptement les faiblesses, les raideurs cléricales, les compromissions temporelles de l'Église catholique, du moins celles que je croyais déceler. Elles étaient fâcheuses, catastrophiques parfois, mais humaines. Ma réaction ne participait pas d'une reddition mais d'un retour au réel. Je devenais moins méfiant, moins sévère, moins « pharisien laïque », pour reprendre une formule de Camus. Un aphorisme de saint François de Sales (1567-1622) définit très bien la leçon que j'apprenais : « Partout où il y a de l'homme, il y a de l'hommerie. »

École, République, Église, Famille, Université : partout règne « l'hommerie », en effet. Comment pourrait-il en être autrement ? Refuser d'admettre l'imperfection humaine serait consentir à cette « pureté dangereuse » où s'abreuvent les intégrismes et les inquisitions. Ce serait attendre des institutions qu'elles possèdent des attributs quasiment célestes. Exigence absurde. Songerait-on aujourd'hui à disqualifier l'École parce qu'il y a des instituteurs pédophiles, à rejeter la République parce qu'on y trouve des politiciens corrompus, à haïr la Famille car on y rencontre — aussi — l'abjection de l'inceste ou de la violence faite aux femmes, à dédaigner l'Université puisqu'il lui arrive de valider un mensonge ou de propager une idéologie ? Irons-nous jusqu'à condamner la démocratie elle-même, au prétexte qu'elle s'est montrée capable de massacres, de tortures et d'horreurs nucléaires ?

L'Église est une institution humaine. Ni plus ni moins.

Cette insolite conjugaison des contraires qui domine toute l'histoire chrétienne a d'ailleurs nourri, mais je l'avais oublié, une riche littérature. Tout a été écrit sur ce sujet. Dans le *Journal d'un curé de campagne* de Bernanos, ce thème est central. J'ai relu ces pages comme si je les découvrais pour la première fois. Aux tourments spirituels, aux déchirements mystiques du jeune abbé Donissan, le brave curé de Torcy oppose sans faiblir le robuste réalisme d'un modeste fantassin de l'institution catholique. Sans faire de grandes phrases, il évoque l'Église comme une boutique qu'il faut bien tenir, jour après jour, en sacrifiant aux travaux les plus humbles : récurer, astiquer, chauffer, rafistoler. « Dieu nous préserve des saints ! » s'écrie-t-il, avant d'ajouter avec un grand rire : « Vous remarquerez que Dieu semble prendre garde de multiplier chez nous, séculiers, parmi ses troupes régulières, si j'ose dire, les aventuriers surnaturels qui font parfois trembler les cadres de la hiérarchie. [...] Trop souvent ils ont été une épreuve pour l'Église avant d'en devenir la gloire. »

Tout y est, en effet.

À commencer par cette vérité trop oubliée des chrétiens. En deux millénaires d'Histoire, le christianisme aura finalement présenté trois visages différents. Ils semblent d'abord inconciliables mais ont néanmoins cohabité, siècle après siècle, comme s'ils exprimaient les trois figures d'un même message : la puissance, la protestation et la sainteté.

Le christianisme de la puissance a modelé nos paysages, fondé nos cultures et peuplé notre imaginaire. Il a déployé le « blanc manteau des églises » dans tout l'Occident. Avec ses célébrations calendaires, ses fêtes carillonnées et ses liturgies, il a structuré la temporalité elle-même, celle qui scande encore notre vie quotidienne. Il a enrichi de symboles, de références, d'images, de personnages, de métaphores et de merveilleux les langues que nous parlons. Mais il a dans le même temps conduit les croisades, organisé l'Inquisition, persécuté les hérétiques, conforté l'arbitraire des pouvoirs temporels et culpabilisé des générations de « pauvres pécheurs ». Sa puissance est allée jusqu'à la domination et à l'arbitraire temporel.

Celui de la protestation a tenu allumé, toujours et en tous lieux, le feu magnifique de la *subversion* évangélique. Il a œuvré pour rendre aux « pauvres de Dieu » — ces *pauperes Dei* de la chrétienté médiévale — leur place et leur dignité. Il a interpellé les puissants et les riches, secouru les affligés, combattu la violence, arrêté le bras armé du pouvoir politique, renversé les idoles, ruiné les discours de la persécution et — souvent — arraché leur masque aux ignominies de l'Histoire.

Quant au troisième, celui de la sainteté, il a tenu ouvert un chemin vers ce « plus loin » inatteignable[1] qu'empruntaient — et qu'emprun-

1. J'emprunte cette formulation à Bernard Sichère, *Catholique*, Desclée de Brouwer, 2005, p. 32.

tent encore — les athlètes spirituels comme on disait jadis. Il a fait retentir du grégorien dans les monastères et conduit les moines au désert. Bien près de nous, pour ne citer que cet exemple, il tenu la plume d'un Christian de Chergé, trappiste de Tibhérine, qui rédigea, un an avant son assassinat par les islamistes, un texte inouï dans lequel il réclamait par avance que la responsabilité de sa mort ne soit jamais imputée à l'islam.

Il est donc arrivé — et souvent — qu'une simple parole ou un simple geste, venu de l'intérieur de l'institution, permette de sauver celle-ci du déshonneur. Les cas sont si nombreux que j'hésite à en dresser une liste. J'illustrerai simplement cette remarque en rapportant une histoire à la fois modeste et lumineuse. Je dois de la connaître à des amis rencontrés à Besançon. Elle concerne un simple prêtre de province, l'abbé Jean Flory, curé de Montbéliard pendant l'occupation allemande.

Le 24 décembre 1942, au moment de la messe de minuit célébrée en présence des officiers allemands en grand uniforme, on apporta la crèche préparée par l'abbé Flory, crèche dont les principaux personnages — Jésus, Marie, Joseph — étaient recouverts d'une housse de tissu. Lorsque la housse fut enlevée, chacun put découvrir, bien en évidence sur la poitrine des personnages de la nativité… une étoile jaune. On devine le silence qui régna dans l'église et la colère froide des officiers allemands. La teneur du message adressé à tous par la volonté de l'abbé Flory était claire : Jésus, Marie et Joseph étaient juifs. Les lois antisémites promulguées en Allemagne et le honteux « statut des juifs » élaboré par le régime de Pétain insultaient donc la mémoire chrétienne elle-même.

Quelques années plus tôt, on le sait, le pape Pie XI avait prononcé la fameuse phrase : « Nous sommes spirituellement des sémites. » En 1937, il avait promulgué l'encyclique *Mit brennender sorge* (Dans une tremblante inquiétude) pour dénoncer — à mots couverts — l'hitlérisme païen et la barbarie nazie. Dans la France occupée, cela n'avait pas empêché l'immense majorité des évêques de garder le silence face au régime vichyste rallié à l'occupant. Ce jour-là, les trois étoiles jaunes épinglées par l'abbé Flory sur les santons de sa crèche paroissiale avaient suffi à exprimer ce qui aurait dû l'être depuis le début : la vérité théologique (la source juive), la foi paisible et la solidarité judéo-chrétienne.

L'abbé Flory avait sauvé l'honneur de l'Église en prenant simplement au sérieux ce qu'il avait appris dans les Évangiles.

Troisième cercle

La foi comme décision

Reste à expliquer ce que j'ai cru trouver au-delà de ces deux premiers cercles. Dans mon esprit, l'entrée dans le troisième, le dernier, devait commencer par une interrogation toute simple, mais devant laquelle je piétinais. Un texte comme la Bible dont on a reconnu et mesuré la puissance peut-il n'être qu'une simple création humaine ? Est-il concevable qu'il ait été « inventé » par le seul génie des hommes, comme c'est le cas du poème homérique qui représente, pour la culture grecque, l'équivalent de nos textes sacrés ?

En posant cette question, on bute aussitôt sur le problème de la foi. Parvenu à cette étape, j'hésitais, je n'étais plus sûr de rien. Cela expliquait ma gêne et mon embarras lorsqu'on me demandait de parler à des chrétiens ou à des juifs dont je savais qu'ils croyaient sans doute mieux que moi. Qu'allais-je leur dire au juste ? Ma demi-vérité ? Que j'avais été ramené à la lecture des Évangiles et que leur pertinence m'avait ébloui ? C'était bien mince, mais que pouvais-je dire de plus ? En revanche, j'étais tenté, c'est vrai, de partager mon enthousiasme en ajoutant qu'il procédait de la raison et d'elle seule. Cela correspondait sans doute à ce qu'on attendait de moi. Rien de plus logique. Ces hommes et ces femmes, journellement moqués par le discours dominant, n'en venaient-ils pas à mettre en doute, non pas leur foi, mais le « sérieux » de la parole chrétienne ? Transposée dans notre univers technologique, économique et médiatique, cette parole-là ne se réduisait-elle pas, désormais, à une effusion magique, à un amour idéalisé pour la figure du Christ, à une fidélité plus sentimentale que raisonnable ?

Devant eux, je témoignais du contraire. Je leur assurais que le raisonnement et lui seul avait guidé mon travail. J'ajoutais que la puissance explicative de certains textes évangéliques comme les Épîtres de Paul, la femme adultère, le reniement de saint Pierre, la Pentecôte ou les Béatitudes — pour ne parler que de ceux-là — me semblait intacte. Comme je l'ai écrit plus haut, je répétais volontiers à ces chrétiens de rencontre qu'ils dormaient sur des richesses de sens insoupçonnées, qu'ils écoutaient des paroles ou lisaient des textes dont ils oubliaient la force prodigieuse.

Disant cela, j'en mesurais aussitôt le ridicule. Qui étais-je pour reprocher aux chrétiens de ne pas l'être assez ? Au nom de quelle « science » pouvais-je leur recommander de mieux réfléchir à la pertinence de leur propre *Credo* ? N'étais-je pas encore très extérieur, à peine revenu dans les parages d'une Église dont ils étaient, eux, les vrais fidèles ? J'essayais d'expliquer la nature de mon embarras, mais ce n'était pas si facile. Une anecdote, un signe ou un témoignage venaient parfois apaiser mes craintes. J'en donnerai trois exemples.

Claude Dagens, évêque d'Angoulême, m'avait dédié l'un de ses livres[1]. J'étais devenu sous sa plume amicale et peut-être un peu ironique un « prophète de l'extérieur ». Cette dédicace, qu'il m'adressait personnellement, m'avait touché. Elle me confortait dans l'idée qu'on pouvait donc être utile aux chrétiens (faute d'être

1. Mgr Claude Dagens, *La Nouveauté chrétienne dans la société française : espoirs et combats d'un évêque*, Le Cerf, 2005.

prophète !) tout en restant hors les murs. Un tel signal envoyé par un évêque ami me ramenait finalement à l'essentiel, c'est-à-dire à mes propres doutes. Étais-je vraiment à l'extérieur de l'Église ou déjà, sans le savoir, dans le périmètre de la foi ? Toute sa vie, Simone Weil se posa la même question et demeura à proximité immédiate du catholicisme, mais en marge.

Le signal — l'appel ? — envoyé par Claude Dagens n'avait pas été le seul. Au printemps 2004, nous étions allés avec Régis Debray passer deux pleines journées chez les bénédictins d'En Calcat, au sud de Toulouse. Les moines nous avaient conviés après avoir lu nos livres respectifs et nous invitaient à une sorte de dialogue théologique. Dans leur esprit, les rôles étaient déjà distribués : Régis Debray parlerait de l'institution et de sa réussite à travers les siècles, tandis que j'essaierais de m'en tenir au contenu du message. L'un plus catholique, l'autre plus chrétien. On verrait bien où nous mènerait un tel débat.

Ces deux journées de discussions furent très riches mais j'en retiens surtout le souvenir de deux péripéties minuscules. Au réfectoire, l'un des moines s'était penché vers moi et m'avait murmuré : « Jean-Claude Guillebaud, vous ne vous en rendez peut-être pas compte mais, dans vos livres, vous parlez notre langue. » Que voulait-il dire, au juste ? Je lui avais répondu que, si c'était vrai, ce n'était pas volontaire, qu'il fallait y voir l'effet d'une imprégnation qui remontait à l'enfance, simple rémanence d'un vocabulaire appris. Il n'empêche que la réaction de ce moine m'avait intrigué. Étais-je décidément plus proche de la foi que je ne le croyais ? Avais-je tort de résister inconsciemment à ce qui, du dehors, paraissait évident ?

À la fin de notre séjour, comme pour vérifier, j'avais demandé au bénédictin qui nous avait invités si, après nous avoir entendus, il pensait que nous avions la foi. Il m'avait répondu en éclatant de rire : « Guillebaud, c'est presque fait, et Debray, ça vient ! »

Il y avait donc ce « presque »...

*

Entré dans ce troisième cercle, je ne pouvais plus échapper à des interrogations nettement plus intimes. Ou en étais-je au juste avec la foi dans ma vie quotidienne, mes relations avec l'Église, mon rapport au monde et aux autres ? Soyons clair : j'ai recommencé à aller, de loin en loin, à la messe, pas vraiment à la communion puisque je suis un divorcé-remarié, encore que je m'affranchisse parfois de l'interdit. Je ne suis donc pas un « bon chrétien », au sens ordinaire du terme. Mon curé s'en accommode. Il a même le courage de transgresser parfois la règle en me donnant la communion sans dire un mot.

Pour le reste, le doute m'habite et je ne récite le *Credo* que du bout des lèvres. J'ai du mal à articuler certaines phrases dont je ne comprends pas vraiment le sens : « Ressuscité d'entre les morts », par exemple, ou « Notre Père qui êtes aux cieux ». Qu'est-ce que cela veut dire, « les cieux » ? Si le texte de l'Évangile me paraît lumineux, la phraséologie de nos messes me reste opaque. La célébration de l'office dans la langue de tous les jours n'a fait que rendre plus explicite encore cette perplexité. Notre envie de comprendre n'est plus anesthésiée par la douce et indéchiffrable musique du latin. C'est en français que le prêtre nous parle. Mais alors ? Devrais-je renoncer une fois pour toutes à me poser ces questions de sens ? La vraie foi est-elle à ce prix ? J'ai du mal à m'y résoudre. Je me sens trop fils des Lumières, de la raison, de la modernité pour simplement répéter des formulations dont le sens m'échappe. Charles Péguy lui-même ne refusait-il pas de réciter certains passages du *Credo* dont le sens exact lui échappait ? Ces tourments intimes ne sont pas anodins. Ils sont répandus. Je suis sûr qu'ils habitent bien plus de chrétiens qu'on ne le croit. Comment sauter le pas si la raison se cabre ? Comment se joindre à une prière commune sans adhérer explicitement à ce qu'elle dit ?

Alors j'hésite, je marmonne, je triche.

Je n'en suis pas fier.

Dans ces moments, je me sens partagé entre une envie de croire et un refus d'articuler ce qui, à l'évidence, ne me *parle* pas. Ou plus. Est-il imaginable d'arriver à surmonter ces problèmes de forme, de syntaxe, d'intelligibilité ? À cette question, j'ai quelquefois l'impression de trouver la réponse. Ou presque. Je me dis que ces mêmes formules dont l'obscurité m'arrête sont sans doute porteuses d'un sens caché dont, sans le savoir, nous sommes les transmetteurs. Peut-être réclame-t-il que nous grattions la surface des mots, que nous enlevions une à une les concrétions sémantiques accumumulées au cours des siècles. Si le message est vivant, alors il doit pouvoir être relu et déchiffré par les hommes et les femmes d'aujourd'hui, avec les mots, la sensibilité et les connaissances de leur époque. C'est là, dans cette reconquête d'un langage intelligible, que se joue probablement l'avenir du christianisme.

En France comme ailleurs, il existe des groupes informels où l'on travaille justement à cette réinterprétation des textes bibliques. J'en connais certains. En dissipant le brouillard et les contresens des traductions successives — araméen, hébreu, grec —, et en retournant au texte originel, ces pionniers essaient d'en faire jaillir un sens nouveau. À cette fin, ils n'hésitent pas à mobiliser les outils intellectuels d'aujourd'hui : psychanalyse, linguistique, informatique, sciences cognitives. Je suis sûr que, faisant cela, ils renouent superbement avec cette tradition de l'« interprétation créatrice » qui a permis d'abord au judaïsme, puis au christianisme, de traverser le temps. Leur travail, hélas, concerne principalement l'Ancien Testament et certains passages « à problèmes » comme la Genèse ou le Sacrifice d'Abraham. C'est donc plus le judaïsme que le christianisme qu'ils interrogent. Un travail comparable devrait être entrepris sur les textes plus quotidiens du Nouveau Testament — ceux de la messe, par exemple —, que les chrétiens ordinaires sont invités à réciter chaque semaine.

En lisant certains auteurs, on entrevoit déjà ce que pourrait être une telle réinvention du discours chrétien. Je pense à un scientifique comme Bruno Latour, auteur d'un court essai : *Jubiler ou les tourments de la parole religieuse.* Dans ces pages toutes crépitantes de paradoxes, il appelle de ses vœux une reconstruction intégrale du langage catholique. « On nous a enlevé, écrit-il, les moyens de parler à la fois simplement et subtilement des choses religieuses. Elles sont devenues soit compliquées, archéologiques, lettrées, soit tellement niaises, bondieuses, simplistes qu'on ne peut qu'en pleurer de pitié. Comment revenir sur cette bifurcation, retracer le chemin qui ramène à cette patte-d'oie[1] ? » Ce projet ne semble pas hors de portée, mais il réclamera à coup sûr du temps et de l'audace. La réinvention d'une syntaxe permettant de *dire* le christianisme au monde contemporain et de redonner vie aux mots de la prière exigera plus qu'un toilettage. « Tous les mots qu'on m'offre pour m'introduire à la prière, écrit encore Latour, supposent l'acquiescement préalable à une langue devenue étrangère. Ce n'est pas

1. Bruno Latour, *Jubiler ou les tourments de la parole religieuse*, Les Empêcheurs de penser en rond, 2002.

l'objet de la prière qui a passé, c'est la forme prière qui est devenue caduque. »

Saura-t-on réinventer ce qui est caduc sans amoindrir l'intensité du message ? Toute la question est là. Dans cette affaire, un patient courage est — et sera — requis de l'Église et des chrétiens. Pourquoi n'en seraient-ils pas capables ? Après tout, en les sommant aujourd'hui de « moderniser l'islam », on exige des musulmans d'Europe une audace bien plus grande encore.

Mon intérêt, déjà mentionné plus haut, pour les travaux du philosophe et phénoménologue Michel Henry vient précisément du fait qu'il s'est avancé très loin, et avec une rare intrépidité, dans cette entreprise de refondation sémantique. Tous ses livres — surtout les derniers — sont habités par une forme d'espérance bien particulière : celle qui concerne notre lecture du message évangélique, c'est-à-dire notre capacité de compréhension. À ses yeux, elle est perpétuellement à reprendre, à enrichir, à affiner. Elle n'épuisera jamais — ou alors très lentement — les réserves de *sens* dont les Écritures sont porteuses.

Sous sa plume, on trouve des expressions comme « encore incompris de nous » ou bien

« dont le sens ne nous est pas encore connu », ou « que nous ne sommes pas encore en mesure d'interpréter ». J'avoue que ce mot « encore », qui revient en leitmotiv, me fascine, surtout sous la plume d'un auteur aussi considérable. Dans sa modestie, il dit et répète qu'un surcroît de lumière, de compréhension est « encore » devant nous. Peut-on imaginer une plus forte espérance que celle qui tire vers l'avant notre intelligence elle-même ? « Nous ne sommes pas encore en mesure de comprendre ces vérités dernières, écrit par exemple le philosophe. Et cela parce que nous sommes incapables de comprendre *quelle sorte de compréhension* est susceptible de nous ouvrir à elles[1]. »

Avec détermination, il explore ainsi les significations possibles de ces formulations évangéliques que nos esprits logiques ne parviennent plus à déchiffrer. Il le fait en rappelant le caractère énigmatique de la vie elle-même, cette vie qui palpite en chacun de nous, réalité invisible et insaisissable, sur laquelle achoppe la connaissance scientifique elle-même. (Comme l'écrit le biologiste François Jacob : « On n'interroge plus la vie aujourd'hui dans les laboratoires. »)

1. Michel Henry, *Paroles du Christ*, Le Seuil, 2002.

Pour Michel Henry, c'est à cette réalité invisible mais bien réelle que se réfère une expression comme « dans les cieux » ou « aux cieux ». Elle « ne veut évidemment pas dire : dans les espaces interstellaires, dans l'univers astrophysique exploré par les cosmonautes qui, en regardant par les hublots de leur vaisseau, n'ont pas vu Dieu. "Aux cieux" signifie dans la vie invisible en laquelle vivent tous les vivants, en laquelle ils sont eux-mêmes invisibles, tout comme cette vie ».

Ce n'est là qu'un exemple de révision contemporaine de la *grammaire des Évangiles.* À lui seul, il montre assez bien comment une telle relecture — neuve et fidèle à la fois — peut restituer au Message sa simplicité et son acceptabilité par la raison humaine. C'est en tout cas sur ces chemins que je tente d'avancer. Peu à peu, j'ai malgré tout l'impression d'y faire route.

*

C'est avec le même trouble que je m'interroge sur ce que j'éprouve moi-même lorsque j'assiste à la messe. Je songe à cet ennui discret qui m'envahit souvent. Auparavant, il me faisait un peu honte. Je le trouvais médiocre et n'en parlais à personne. Pendant l'office, je regardais ma montre à la dérobée et je m'efforçais de faire bonne figure. Était-ce bien normal ? Pouvais-je me joindre à une réunion aussi fondatrice pour les communautés chrétiennes et, comme on dit, y « trouver le temps long » ? Certes je n'étais sûrement pas le seul dans ce cas. D'autres que moi dans l'assemblée des fidèles refrénaient sans doute la même impatience. Cette pensée ne me rassurait qu'à moitié. En toute logique, ni l'ennui ni la routine ne pouvaient avoir ici la moindre raison d'être. À chacun, la célébration devrait logiquement sembler bien trop courte et non pas trop longue.

À moins de ne pas croire tout à fait à ce qui se passait devant l'autel.

Il a fallu que mes yeux tombent sur un texte détonnant de Timothy Radcliffe, ancien supérieur des dominicains, pour que je me sente enfin capable de faire la part des choses[1]. Cet ennui discret posait effectivement problème, mais il n'était pas si scandaleux. À son sujet, Radcliffe n'y va pas par quatre chemins. Il rappelle que l'« ennui lié à la prédication » (et à la

1. Timothy Radcliffe, « Prédication : sortir de l'ennui ! », *Études*, janvier 2003, pp. 54-66.

célébration de la messe) a été un défi pour l'Église depuis les débuts du christianisme. Il cite le cas d'un fidèle qui, dit-on, s'endormit et mourut d'ennui en écoutant saint Paul. Il évoque avec une paisible ironie ce témoignage du grand prédicateur et poète anglican John Donne (1572-1631). D'après ce dernier — qui fut l'un des orateurs les plus admirés de son temps —, si les prêtres puritains prêchaient si longtemps, c'était parce qu'ils attendaient... le réveil de l'assemblée des fidèles. Quant à Césaire d'Arles (470-543), évangélisateur de la Provence et grand lecteur de saint Augustin, on raconte que lorsqu'il prêchait, il faisait fermer les portes afin d'empêcher les fidèles de s'enfuir.

Je n'en revenais pas. On pouvait donc évoquer ces choses avec humour, sans les dramatiser. Cette joyeuse mise au point m'a libéré de mes derniers scrupules. Elle m'a permis de sortir d'un mutisme que je m'imposais sans raison. Si la célébration d'une messe suscitait l'ennui, alors il fallait regarder cet ennui en face et tenter d'en comprendre les raisons. Radcliffe va plus loin. Il parle de la perplexité des fidèles, trop souvent incapables — comme je le suis moi-même — de donner sens aux formulations liturgiques qu'on leur demande de réciter les yeux fermés. Il attribue cette incompréhension à la maladresse des célébrants ou des prédicateurs. Après avoir rappelé que cette question du prêche a longtemps opposé les dominicains aux jésuites, il ajoute : « À la suite de Dominique et d'Ignace, il faut commencer par ce qui sépare de l'Évangile. Démarrer en accueillant le *Non*, l'incompréhension, avant de prêcher le *Oui*. »

La lecture de Radcliffe, puis une conversation en tête à tête avec lui m'ont conforté dans un point de vue que, jusqu'alors, je gardais pour moi. À la vérité, ces problèmes de langage et d'intelligibilité sont essentiels. Pour le philosophe Ludwig Wittgenstein, « inventer une nouvelle langue signifie imaginer une nouvelle existence ». L'Église semble parfois l'oublier et réserver toute son énergie aux interminables débats sur le dogme catholique, les interdits ou la sexualité. J'admets volontiers la pertinence et la nécessité de pareils débats, mais ces obsessions normatives détournent les chrétiens de questions plus vitales et plus joyeuses. Elles entourent la *Bonne Nouvelle* d'un brouillard de remontrances, aussi sombre que décourageant. Après tout, l'Évangile n'est pas un traité de morale. Il est à mille lieues de cette litanie de « prescriptions » disciplinaires ou d'excommunications à quoi se réduit parfois le discours clérical, y compris celui du Vatican.

Ce racornissement du discours catholique est lourd de conséquences. Il noie peu à peu la subversion chrétienne dans un malentendu qui risque de lui être fatal. Il faudrait rappeler sans relâche pourquoi la parole du Christ nous parle de tout autre chose. Mais peut-on dire cela de l'extérieur ? Avais-je le droit de reprendre à mon compte de telles objections ? Je ne sais pas. En revanche, après avoir lu et rencontré Timothy Radcliffe, je ne m'étonne plus qu'il soit devenu l'un des prédicateurs (dissidents ?) les plus demandés dans l'ensemble du monde chrétien. Et le plus attentivement écouté.

*

Sur le chemin du retour vers la foi, c'est ainsi que je progressais, et progresse encore. Avec des pauses et des retours en arrière. Comme dans les Pyrénées, je perds quelquefois de vue le tracé du sentier et dois consulter la carte. J'essaie de contourner les obstacles l'un après l'autre. En altitude, il m'arrive d'être noyé dans le brouillard ou secoué par un « grain ». Alors il faut poser son sac — ou même planter sa tente — et attendre le retour du beau temps. C'est ainsi qu'un randonneur apprend la patience. Et la modestie. Oserais-dire, malgré tout, que cette cavale spirituelle est plutôt joyeuse ? Je ne la vis pas comme une épreuve mais comme un vrai voyage. Sur un tel itinéraire on franchit parfois un col, un éboulis, un passage plus difficile. Aussitôt après, l'horizon paraît dégagé et le sommet proche. C'est le plus souvent une illusion d'optique. La transparence de l'air fausse les perspectives et le but s'éloigne. Alors, on reprend sa route sans plus attendre.

En travaillant à *La Force de conviction*, il m'a semblé franchir ainsi un seuil, un peu comme on triomphe d'une barre rocheuse. Je crois avoir mieux compris une vérité à laquelle je n'avais pas suffisamment réfléchi jusqu'alors : *la dimension décisionnelle de la croyance.* De toutes les croyances. C'est d'abord en lisant le philosophe israélien Yechayahou Leibovitz, disparu en 1994, que j'en ai pris conscience. Pour lui, c'est le caractère volontaire de la croyance qui distingue celle-ci de la connaissance. On croit *aussi* parce qu'on l'a choisi. La foi présuppose une adhésion délibérée, un saut personnel et subjectif qui permet de franchir les abîmes du doute. On se trompe en présentant la foi religieuse ou la croyance philosophique comme une chose *donnée* de l'extérieur, par l'effet d'une logique sur laquelle le croyant n'aurait aucune prise. Cette vision qui évacue toute idée de choix, d'engagement, est trompeuse.

En réalité, la croyance — comme la foi — n'est pas *déduite* mais *voulue*. Elle ne s'impose pas d'elle-même quand on a terminé l'inventaire des raisons de croire ou de ne pas croire. Elle n'est pas — ou pas seulement — le produit d'une évaluation comptable : tant d'arguments pour, tant d'arguments contre. Le « plus » qui lui est nécessaire pour exister participe de la *décision*. Ce n'est pas tout. À bien y réfléchir, on finit par comprendre que ce « plus » de la décision n'intervient pas au terme d'une argumentation mais la précède. Il est au départ et non à l'arrivée. Pour reprendre une belle expression de Yechayahou Leibovitz, la croyance *n'est pas conclusive mais inaugurale*. À ce titre, elle s'apparente à l'amour. Ce n'est pas tant la connaissance d'un être qui me conduit à l'aimer mais plutôt l'inverse : l'amour, et lui seul, me dispose à la vraie connaissance.

Au chapitre de la croyance religieuse et de la foi (qui s'en distingue), cette réflexion n'est pas sans conséquences. Elle nous ramène à ce qu'un théologien britannique du XIXe siècle, John Henry Newman (1801-1890), appelait l'*assentiment*. Croire, c'est aussi donner son assentiment. La foi s'apparente à un engagement qui, même réfléchi et argumenté, contient toujours une part d'irrationnel. Si ce n'était pas le cas, la *croyance* se confondrait avec le *savoir* et la foi ne se distinguerait pas de la raison. Pour Newman, cependant, le libre assentiment du croyant ne peut se réduire à l'acceptation passive d'un dogme, d'une « vérité » gravée dans le marbre. Il consiste à se mettre en chemin, à s'engager dans une *direction* avec l'espoir — et seulement l'espoir — d'arriver à bon port.

En définissant de cette façon l'*assentiment* au christianisme, on exclut tout risque de clôture dogmatique, toute arrogance cléricale. En choisissant de croire comme cela, on ne s'en remet pas les yeux fermés à une vérité toute faite. On se propose plus modestement de partir à sa rencontre. Cette découverte m'a aidé à mieux accepter ce que je vivais moi-même. J'ai cessé d'être paralysé par le doute comme je l'étais auparavant. Le doute, y compris le plus radical, fait partie intégrante de la croyance et, dans une moindre mesure, de la foi. La volonté joue un rôle d'arbitrage ultime. Pour cette raison, on ne peut accueillir sans réserve le prétendu constat si souvent exprimé : « J'ai perdu la foi. » Ce n'est pas si simple. On ne « perd » pas la foi comme on perd ses clés. Le mécanisme de la décroyance est plus obscur ; il trahit une exténuation de la volonté, l'abandon plus ou moins conscient d'un engagement qu'on ne peut plus ou qu'on ne veut plus tenir. Ce n'est pas la foi qu'on perd, c'est la volonté de croire qui faiblit. On doit citer ici la remarque du philosophe juif Paul-Louis Landsberg, un compagnon de la revue *Esprit*, mort en 1944 : « S'engager, c'est adhérer à une cause imparfaite. »

Ne plus croire, c'est refuser d'assumer plus longtemps le poids de cette « imperfection ». Les raisons qui favorisent la croyance ou déclenchent la décroyance sont donc beaucoup moins simples qu'on l'imagine. C'est vrai pour la croyance politique mais ça l'est aussi pour la foi religieuse.

*

J'en étais là.

J'avais maintenant envie d'approfondir cette réflexion — je n'ose pas écrire cette « découverte ». C'est pour cela que j'ai voulu travailler un peu plus sérieusement sur les mécanismes de la conviction, de son acquisition et de sa perte. Ce long travail — pourquoi le cacher ? — m'a permis d'avancer un peu plus, sinon vers la foi, du moins vers une « possibilité de la foi ». J'essayais de mieux comprendre la nature des mécanismes par lesquels une croyance s'impose ou disparaît. Comment parvenait-on à croire et pourquoi, un beau jour, on ne croyait plus ?

Sous couvert d'une recherche distanciée, il va de soi que je tentais de répondre à des interrogations plus personnelles. Je ne vais pas reprendre ici les analyses développées dans *La Force de conviction*. J'évoquerai un seul aspect de la question, celui qui m'a le plus éclairé. Il peut s'énoncer ainsi : lorsqu'on adhère à une croyance, puis quand on se désenvoûte de celle-ci, la transformation mentale qu'on est amené à vivre passe forcément par un rapport à l'autre, aux autres. Autrement dit la croyance implique une *relation*, et la décroyance une altération — douloureuse — de celle-ci.

Croire, c'est aussi faire confiance, partager une sensibilité particulière. Admiration pour un leader (ou un saint), solidarité de groupe, fidélité à des proches, obéissance à une tradition, esprit d'équipe ou de famille : aucune croyance n'est strictement rationnelle. Lorsqu'on fait sienne une conviction, quand on donne son *assentiment* ou qu'on décide de *s'engager*, il entre dans cette décision une part d'émotivité, ou si l'on préfère de *sentiment.* Examinant le cas de ceux qui, à un moment ou à un autre de notre histoire récente, s'étaient engagés pour une cause, j'ai été frappé par la place qu'avait tenue l'affectivité. Je pense aux anciens communistes, aux militants d'extrême gauche revenus de leur « folie », aux tiers-mondistes purs et durs des années 1970. C'est ce lien affectif, difficile à briser, qui les avait longtemps retenus de rompre, alors même que leur simple raison ne « croyait » plus depuis longtemps. Dans bien des cas, la pure réflexion n'a joué qu'un rôle second dans leur adhésion. Elle n'était intervenue qu'après coup pour conforter une décision déjà prise dans les tréfonds. A contrario, les souffrances nées de la rupture — avec un parti, une idéologie, une Église — participent d'un sentiment d'abandon, de « lâchage ». Les anciens croyants prenant leurs distances se sentent coupables de « trahison ».

Edgar Morin, dans le livre où il raconte sa propre rupture avec le Parti communiste dans les années 1950[1], décrit bien ce tourment très particulier provoqué par la décroyance. Avec son accord, il vient d'être officiellement exclu de la cellule communiste où il militait. Sans un mot, il quitte ses anciens camarades et déambule dans une rue de la banlieue parisienne. En toute lucidité, il a choisi de rompre avec un parti dont les dérives l'épouvantent mais, ce soir-là, il est au bord des larmes. Son histoire ressemble à bien d'autres. J'ai recueilli des témoignages analogues auprès d'anciens prêtres qui, après 1968, avaient brusquement décidé de quitter l'Église catholique ou l'ordre religieux dans lequel ils étaient entrés quelques années auparavant. Sans remettre en cause la pertinence de leur décision, ils demeuraient inconsolables. Leur décroyance avait été vécue comme un désamour. Vingt ans après, l'intensité de leur *chagrin* n'avait guère diminué.

À l'inverse, qui ne serait impressionné par la joie qu'exprime, fût-ce à son insu, un converti en parlant de l'*assentiment* qu'il a fini par donner à un parti, à une communauté religieuse ou à une simple association ? Il était seul et le voilà intégré à une communauté. Il vivait une sorte

1. Edgar Morin, *Autocritique* [1959], Le Seuil, 1991.

d'errance intérieure et se retrouve partie prenante d'une *communion humaine*, pour reprendre l'expression de Régis Debray. Ce qui est vrai pour la croyance ou la conviction l'est au centuple pour la foi. La foi chrétienne n'est-elle pas d'abord et avant tout une *relation*, et la plus personnelle qui soit ? Tout comme l'intensité du chagrin évoqué plus haut, la joie partagée des chrétiens désigne par conséquent le centre même du « troisième cercle » où j'arrivais enfin.

*

C'est bien d'amitié qu'il faut parler maintenant. Je pense au simple bonheur que j'éprouve à me retrouver parmi des chrétiens ou des juifs. J'y goûte une familiarité indéfinissable, une idée de pacification, une joie. À plusieurs reprises Victor Malka, producteur à France Culture et directeur d'*Information juive*, m'a invité au centre Maïmonide de Montpellier pour y rencontrer un public juif ; de la même façon, Shmuel Trigano m'a demandé de venir au Collège des études juives ou au Centre communautaire de Paris, pour y débattre des rapports entre juifs et chrétiens. Dans tous les cas, je m'y suis senti chez moi. J'écris cela sans calcul ni démagogie. J'avais réellement l'impression de réintégrer une famille élargie. Chrétien parmi des juifs, je savais désormais avec certitude que j'étais parmi les miens. Je n'avais plus besoin, en ces lieux, de m'expliquer ni même d'évoquer mon travail sur l'antijudaïsme historique de l'Église catholique. Je parle de ces longues lectures auxquelles je m'étais astreint, pressé par la honte éprouvée devant cette face noire du passé chrétien. Il me semblait que, depuis la Shoah, personne ne pouvait plus revendiquer une quelconque appartenance au christianisme sans avoir effectué ce détour.

Bien sûr, cet antijudaïsme théologique ne se confond pas avec l'antisémitisme racialiste du XIXe siècle. Il n'empêche qu'il a favorisé son émergence en diffusant cet « enseignement du mépris » dont le sinistre souvenir pèse sur nous comme un fardeau. En 2007, un chrétien doit mettre son esprit en règle à ce sujet. Il lui faut lire, réfléchir, tenter de penser l'impensable. En lisant Jules Isaac, Léon Poliakov, Franz Rosenzweig, Gershom Scholem, Marcel Simon, Léon Askénazi ou Emmanuel Lévinas, j'avais eu le sentiment de lever un obstacle, de conjurer une angoisse. La réconciliation était à ce prix. Seul ce travail — jamais achevé — m'avait permis d'écrire mes livres et d'y évoquer ce que j'appelle « ma part juive ». On ne me posait plus de questions à ce sujet. En dialoguant avec Victor Malka ou avec des rabbins engagés dans le dialogue judéo-chrétien, l'amitié et la confiance prenaient le relais. Elles n'avaient plus besoin de phrases.

Oui, je me sentais en famille.

Avec les chrétiens, comme je l'ai dit, j'étais de plus en plus sensible à la franche gaieté des rencontres. Après un débat animé ou une simple conversation, je mesurais la force du lien invisible qui m'attachait, de toute évidence, à ces hommes et à ces femmes que je ne connaissais pas. Ma surprise était sans cesse renouvelée. Il n'était plus question d'argumenter sur le contenu d'une croyance mais de la vivre. Ensemble. Pour cela, il suffisait de « lâcher prise », en effet. J'apprenais — et j'apprends encore — à le faire. J'en éprouvais une tranquillité d'âme que je n'ai aucune envie de dissimuler. Le sentiment, l'émotion qui m'habitaient dans ces moments-là m'aidaient à franchir d'un seul bond la dernière étape du parcours.

*

La foi comme décision

Reste une ultime question, la plus énigmatique. Cette « redécouverte » que j'avais essayé d'approfondir de livre en livre n'avait-elle pas été déclenchée par une certitude inconsciente mais « inaugurale » ? Est-ce que je n'obéissais pas, sans le savoir, à une foi préalable ? Est-ce que je ne cherchais pas ce que, en fait, j'avais déjà trouvé ? C'est bien possible. Étais-je en train de redevenir chrétien ou n'avais-je jamais cessé de l'être ? Pour dire la vérité, je suis incapable de répondre à cette question. Et, d'ailleurs, est-elle si importante ? « Il arrive, écrit Sören Kierkegaard, que la foi voyage incognito. » Peut-être voyageait-elle en moi depuis le début. Peu importe, au fond. Avant de sauter enfin du plongeoir, il me suffit de repenser, une fois encore, à la fraîcheur des origines. Les philosophes athéniens ou romains de l'époque étaient sidérés par la joie chantante qu'ils repéraient dans les premières communautés chrétiennes, ce bonheur d'être — ou de se croire — porteurs d'une bonne nouvelle. « Soyez toujours joyeux », répétait saint Paul dans ses épîtres.

Saurai-je l'être ?

Saurons-nous l'être ?

DU MÊME AUTEUR

Les Jours terribles d'Israël
Le Seuil, coll. « L'Histoire immédiate », 1974

Les Confettis de l'Empire
Le Seuil, coll. « L'Histoire immédiate », 1976

Les Années orphelines
Le Seuil, coll. « Intervention », 1978

Un voyage vers l'Asie
Le Seuil, 1979, et coll. « Points actuels » n° 37

Un voyage en Océanie
Le Seuil, 1980, et coll. « Points actuels » n° 49

L'Ancienne Comédie
roman, Le Seuil, 1984

Le Voyage à Keren
roman, Arléa, 1988, prix Roger-Nimier

L'Accent du pays
Le Seuil, 1990

Cabu en Amérique
(avec Cabu et Laurent Joffrin)
Le Seuil, coll. « L'Histoire immédiate », 1990

Sauve qui peut à l'Est
(avec Cabu)
Le Seuil, coll. « L'Histoire immédiate », 1991

Le Rendez-vous d'Irkoutsk
Arléa, 1991

La Colline des Anges
(avec Raymond Depardon)
Le Seuil, 1993, prix de l'Astrolabe

La Route des croisades
Arléa, 1993, et Le Seuil, coll. « Points », 1995

La Trahison des Lumières
Le Seuil, 1995, prix Jean-Jacques-Rousseau,
et coll. « Points », 1996

Écoutez voir !
Arléa, 1996

La Porte des larmes
(avec Raymond Depardon)
Le Seuil, 1996

La Tyrannie du plaisir
Le Seuil, 1998, prix Renaudot essai,
et coll. « Points », 1999

La Traversée du monde
Arléa, 1998

La Refondation du monde
Le Seuil, 1999, et coll. « Points », 2000

L'Esprit du lieu
Arléa, 2000

Le Principe d'humanité
Le Seuil, 2001, grand prix européen de l'essai,
et coll. « Points », 2001

Istambul
(avec Marc Riboud)
Imprimerie nationale, 2003
Le Goût de l'avenir
Le Seuil, 2003, et coll. « Points », 2004
La Force de conviction
Le Seuil, 2005, prix des libraires Siloë,
prix humanisme de la Franc-Maçonnerie française,
et coll. « Points », 2006

Composition IGS
Impression Bussière, février 2007
Éditions Albin Michel
22, rue Huyghens, 75014 Paris
www.albin-michel.fr

ISBN : 978-2-226-17507-6
N° d'édition : 24663 – N° d'impression : 070514/1
Dépôt légal : mars 2007
Imprimé en France